世界五千年
科技故事丛书

卢嘉锡题

世界五千年科技故事丛书

陨落的科学巨星

钱三强的故事

丛书主编　管成学　赵骥民

编著　沈慧君　郭奕玲

吉林出版集团 | 吉林科学技术出版社

图书在版编目（CIP）数据

陨落的科学巨星：钱三强的故事 / 管成学，赵骥民主编.
-- 长春：吉林科学技术出版社，2012.8（2022.1 重印）
ISBN 978-7-5384-6192-3

Ⅰ.① 陨… Ⅱ.① 管… ② 赵… Ⅲ.① 钱三强（1913～1992）
－生平事迹 Ⅳ.① K826.11

中国版本图书馆 CIP 数据核字（2012）第 186580 号

陨落的科学巨星：钱三强的故事

主　　编　管成学　赵骥民
出 版 人　宛　霞
选题策划　张瑛琳
责任编辑　朱　萌
封面设计　新华智品
制　　版　长春美印图文设计有限公司
开　　本　640mm×960mm　1 / 16
字　　数　100千字
印　　张　7.5
版　　次　2012年10月第1版
印　　次　2022年1月第4次印刷

出　　版　吉林出版集团
　　　　　吉林科学技术出版社
发　　行　吉林科学技术出版社
地　　址　长春市净月区福祉大路5788号
邮　　编　130118
发行部电话 / 传真　0431-81629529　81629530　81629531
　　　　　　　　　　81629532　81629533　81629534

储运部电话　0431-86059116
编辑部电话　0431-81629518
网　　址　www.jlstp.net
印　　刷　北京一鑫印务有限责任公司

书　　号　ISBN 978-7-5384-6192-3
定　　价　33.00元

序 言

十一届全国人大副委员长、中国科学院前院长、两院院士

放眼21世纪，科学技术将以无法想象的速度迅猛发展，知识经济将全面崛起，国际竞争与合作将出现前所未有的激烈和广泛局面。在严峻的挑战面前，中华民族靠什么屹立于世界民族之林？靠人才，靠德、智、体、能、美全面发展的一代新人。今天的中小学生届时将要肩负起民族强盛的历史使命。为此，我们的知识界、出版界都应责无旁贷地多为他们提供丰富的精神养料。现在，一套大型的向广大青少年传播世界科学技术史知识的科普读物《世

界五千年科技故事丛书》出版面世了。

由中国科学院自然科学研究所、清华大学科技史暨古文献研究所、中国中医研究院医史文献研究所和温州师范学院、吉林省科普作家协会的同志们共同撰写的这套丛书，以世界五千年科学技术史为经，以各时代杰出的科技精英的科技创新活动作纬，勾画了世界科技发展的生动图景。作者着力于科学性与可读性相结合，思想性与趣味性相结合，历史性与时代性相结合，通过故事来讲述科学发现的真实历史条件和科学工作的艰苦性。本书中介绍了科学家们独立思考、敢于怀疑、勇于创新、百折不挠、求真务实的科学精神和他们在工作生活中宝贵的协作、友爱、宽容的人文精神。使青少年读者从科学家的故事中感受科学大师们的智慧、科学的思维方法和实验方法，受到有益的思想启迪。从有关人类重大科技活动的故事中，引起对人类社会发展重大问题的密切关注，全面地理解科学，树立正确的科学观，在知识经济时代理智地对待科学、对待社会、对待人生。阅读这套丛书是对课本的很好补充，是进行素质教育的理想读物。

读史使人明智。在历史的长河中，中华民族曾经创造了灿烂的科技文明，明代以前我国的科技一直处于世界领先地位，涌现出张衡、张仲景、祖冲之、僧一行、沈括、郭守敬、李时珍、徐光启、宋应星这样一批具有世界影响的科学家，而在近现代，中国具有世界级影响的科学家并不多，与我们这个有着13亿人口的泱泱大国并不相称，与世界先进科技水平相比较，在总体上我国的科技水平还存在着较大差距。当今世界各国都把科学技术视为推动社会发展的巨大动力，把培养科技创新人才当做提高创新能力的战略方针。我国也不失时机地确立了科技兴国战略，确立了全面实施素质教育，提高全民素质，培养适应21世纪需要的创新人才的战略决策。党的十六大又提出要形成全民学习、终身学习的学习型社会，形成比较完善的科技和文化创新体系。要全面建设小康社会，加快推进社会主义现代化建设，我们需要一代具有创新精神的人才，需要更多更伟大的科学家和工程技术人才。我真诚地希望这套丛书能激发青少年爱祖国、爱科学的热情，树立起献身科技事业的信念，努力拼搏，勇攀高峰，争当新世纪的优秀科技创新人才。

目　录

故地重游

　　法国巴黎大学美丽的校园里，在繁花似锦的小花园中有一座两层的楼房，庄重而宁静，这就是历史上著名的科学机构——法国巴黎大学镭学研究所居里实验室。现在已经开辟成了富有纪念意义的展览馆。半个世纪前，正是这所实验室里，享有世界崇高声誉的居里夫人她的女儿依莱娜·居里和女婿弗里德里克·约里奥，以及其他同事，建立了世界上最有影响的放射学研究机构。1934年居里夫人去世后，由居里夫人的同事德比尔纳继任居里实验室主任，依莱娜·居里和弗里德里克·约里奥已经成长为主要的研究人员。1937年约里奥离开居里实验室，转到法兰西学院当教授。他们两人虽然在两个单位工作，科学研究仍旧密切配合，弗里德里克为了表示对居里夫妇的尊敬，改成了复姓，即约里奥·居里，所以人们也常以约里奥·居里夫妇称呼他们两人，而为了纪念居里夫人，多以小居里夫人称呼依莱娜·居里。

在1978年的一天，有一位穿着中山装的中国学者正默默走在绿茵草苹前的小路上，他心情激动，思绪万千。周围的一切都是那样熟悉，仿佛昨天才离开这里一样。他记得就在那块石阶上他的两位恩师和他曾合影留念。三十年过去了，石阶还在，两位老师早已作古，展眼望去，在草坪的尽头有两张熟悉的长椅。这不是当年严济慈先生带领自己第一次拜见小居里夫人时坐过的长椅吗？整整四十年了。严先生和小居里夫人的谈话还在耳边回响，是他们把自己带进了科学的殿堂。

这位穿中山装的中国学者就是我国著名核物理学家钱三强先生。他此时正带领中国科学代表团访问法国，特地抽出时间瞻仰故地，寄托对老师的怀念。他想得很多，一桩桩旧事从眼前掠过。

钱三强清楚地记得，严济慈先生正是从这条小路把他带到长椅旁。严先生很熟悉这里的环境，因为他就是在巴黎大学念研究生并获得硕士和博士学位的。约里奥教授与严济慈先生同年，都出生于1900年。依莱娜·居里比他们两人大三岁。多年的合作产生了深厚的友谊。

钱三强信步来到长椅边，坐在四十年前坐过的地方。他清楚地记得，当时他和严济慈先生坐在一张长椅上，小居里夫人坐对面的一张长椅。小居里夫人对他们的到来是那样地热情，就像是久别重逢的老朋友一样，在寒暄一阵之后，严济慈先生高兴地说："今天我给您带来了一位优秀人才，想投奔您的门下。"

"欢迎！欢迎！"小居里夫人说道："我想一定和博士一样杰出。"

严济慈接着说："他叫钱三强，是中法教育基金委员会派送的。他以优秀的成绩通过了评审，准备读博士。"

"是做物理方面的还是化学方面的？"夫人又问。

"我是学物理的，希望做物理方面的题目"，钱三强马上用法语回答，他看到小居里夫人和蔼可亲，朴素而庄重，紧张的心情缓和了许多。

夫人很关切地进一步询问道："您的化学学得怎样？"

严先生不等钱三强回答，就接过去说："他的化学学得很好，特别擅长于化学分析和光谱学。"

夫人思考了片刻，点头说道："好！就这样决定了，您在我这里做博士论文；同时也到法兰西学院做一些工作。"

钱三强喜出望外，他没有想到小居里夫人会这样迅速地作出决定，连忙用法语答道："非常感谢，我一定不辜负夫人的关怀。"

接着夫人解释说："我们这个实验室资格老，成型的设备不错，但是新东西少些。法国政府给了一笔钱，在法兰西学院建立了原子核化学研究所，约里奥在那边，你的工作归我们居里实验室管，有些工作也可能在法兰西学院做，那里正在建立一些新设备。在我们这里学的东西面广，在那里学的新。"约里奥教授和他的夫人依莱娜·居里教授真是名不虚传，他们刚在两年前共获诺贝化学奖。想到享有国际威望的诺贝尔奖获得者就将成为培育自己的导师，钱三强非常激动，他正在想着，只听得夫人又关切地问道："你的法文怎么样？"

钱三强答道："中学学过，后来改学英文。"严先生接着话茬说："这次法语考试成绩不错。"

夫人对严济慈先生含笑点点头，转过来又对钱三强说：

以后在实验室多和同事们用法语谈谈话，法文就可以学好了。我们这里外国人不少，严济慈博士就经常到这里访问。

小居里夫人考虑得这样细致，使钱三强感到格外亲切，已完全没有原来的拘谨和紧张了。

和小居里夫人第一次见面虽然过去了整整四十年，但是钱三强回忆起来，仿佛就在昨天，连当时的语气、表情和姿势都记得一清二楚。

然而，现在这里早已人去楼空。小居里夫人和约里奥教授先后在二十年前就过早地去世了。他们和居里夫人一样，都是因为放射性的袭击，患恶性血液病而失去了自己的生命。

一幕幕往事在钱三强眼前掠过，脑海里又浮现了和约里奥·居里夫妇告别的场面。

1948年的一天，当钱三强夫妇决定带着自己的孩子回国，约里奥教授劝说他们留下来。教授认为，这里的工作条件还是相当优越的，何况他们的科学研究正处于出成果的阶段，贸然离去实在可惜，然而当他得知钱三强夫妇渴望返回祖国的心情，回国后将到清华大学和当时的北平研究院任职时，他改变了态度，深情地说："我要是你，也会这样做的，祖国是母亲，应该为她的强盛而效力。"

说着，他从皮包里拿出一个笔记本，让钱三强抄录，告诉他这是一些非常机密的核物理数据，亲切地说道："这些对你的祖国发展核科学是会有用的。"他的夫人依莱娜·居里教授则送给他两句离别赠言："要为科学服务，科学要为人民服务。"她非常关心钱三强回国后的科研工作，恳切地说："你在实验室做的各种小放射源和一些放射性源材料，都可以带回去，将来会有用的。"

整整四十年过去了，从1938—1948年，钱三强在法国，在巴黎，特别是在居里实验室所经历的一切，使钱三强感慨万千，这十年他得到了锻炼，从一个初出茅庐的热血青年成长为核科学领域的独立研究人员，并取得了科学上的重大成果，自己没有辜负父母和师长的期望。他想到中学老师"科学救国"的教导和父亲的临别赠言"从牛（牛顿）到爱（爱因斯坦）"，他想到吴有训先生把着手教他吹下班泡，他想到新中国成立时人民群众欢呼雀跃的场面，他想到中国科学院成立后他和来自祖国四面八方以及海外归来的科学家一起为发展核科学而艰苦奋斗的历程，他想到周恩来总理亲自在人民大会堂宣布我国第一颗原子弹试验成功时大家无比激动的心情，他想怎样才能使我国的科技事业步子走得更快更稳，以赶上时代的要求呢？

童年时代

　　钱三强是浙江人。1913年10月16日出生于绍兴，绍兴也是周恩来总理和著名文学家鲁迅先生的故乡，这是一块山清水秀、人杰地灵的沃土，不但物产丰富，而且文化教育发达，自古就是出人才的地方，不过钱三强的原籍是浙江湖州，祖辈后迁来绍兴安家，是很有名望的诗书门第。不满四岁，祖父就亲自教他念书识字。在还不太懂事的童年，他离开祖父母，随着父母亲来到文化古城北京。

　　父亲钱玄同是很有名望的文学教授，早年留学日本早稻田大学学习师范，回国后先是在浙江嘉兴、海宁、湖州等地中学当国文教师，后来到北京，在北京高等师范附中教国文。由于他的学术水平高超、教学效果卓著，先后被北京高等师范和北京大学国文系聘为教授。钱玄同曾经是章太炎的学生，他深受章太炎和秋瑾这些辛亥革命党人的影响，曾积极参加反清斗争。五四时期钱玄同更是旗帜鲜明，他和李大钊等有共产主义思想的教授一起，投入新文化运动，提倡文字改革，并一起创办《新青年》。钱玄同的进步思想深深影响幼年时代的钱三强。

在小三强的心目中，父亲是一个大忙人，整天不在家，除了在学校上课外，还参加许多活动，总跟朋友们聚在一起讨论各种问题。他虽然不了解父亲在忙什么，但深信父亲做的是非常重要的事情。那时正值五四运动前的一两年，钱玄同甚至晚上都不回家，经常住在学校里，其实，北京高等师范的宿舍离家很近，只隔一条小胡同。有时，小三强到宿舍里去找父亲，只见父亲睡的床铺仅有一条旧毯子，书架上堆满了书报杂志，书桌上除了纸墨笔砚以外，还放着两个黄铜做成的蜡烛台，小三强特别注意到，蜡烛台上插着的蜡烛只剩下短短的一小截，四周流下了圈圈蜡烛油，像两朵白花。孩子天真地问父亲："你晚上不睡觉吗？"父亲摸着小三强的头说道："夜深人静是读书写文章最好的时候。"

　　钱玄同全身心地投入革命文化斗争的忘我精神，给小三强留下了不可磨灭的印象；在他的幼小心灵里，埋下了奋发上进、追求真理的种子。

　　钱玄同虽然工作很忙，仍下了许多功夫教育自己的孩子。他让小三强新闻记者许多课外读的，开始是《小朋友》、《儿童世界》之类的儿童读物，后来鼓励他读《小说月报》、《语丝》等文艺刊物，以及《西游记》、《鲁滨逊漂游记》等中外古典名著。钱三强读了这些文学作品，既培养了读书兴趣，又开阔了视野。

　　钱玄同教育孩子很有办法，他主张启发式，注意引导，放手让孩子发挥自己的才能。引导小三强博览群书，就是一例。他不强迫小三强读他不喜欢读的书，却给他买很多适合孩子阅读的新书，让他发生兴趣，然后，跟孩子诚恳地谈话，问他读后有何感想，跟孩子讨论，引导孩子从中获得教益，让他再进一步地去思考。

　　钱玄同教育孩子要认真学好科学文化知识和外语，要积极锻炼身体。他鼓励孩子学习中发展自己的兴趣和爱好。从不搞旧式的强制性教育。他常对孩子说："你将来学什么，我不包办代替出主意，由你自己去选择。"他鼓励孩子上进，告诉孩子要多接受先进思想，接受新东西，不可保守。

在家里钱玄同也经常向家人讲述自己的观点。小三强很注意听父母之间的谈话,有一次,他听到父亲正在对母亲讲"三纲"的坏处,小三强从祖父那里就听说过"三纲"这个名词,所谓三纲,指的是君为臣纲、父为子纲、夫为妻纲。这些完全是封建礼教的那一套,是束缚人的枷锁,钱玄同对它深恶痛绝。他愤慨地对夫人徐婉贞说:"这是三条麻绳,缠了我们两千年,祖缠父、父缠子、子缠孙,代代缠下去,……以后我们再也不要用旧礼这根绳索束缚孩子了"。小三强在旁边听了非常感动,默默地记在心里。

钱玄同接着又对小三强说道:"一个人应该有科学的头脑,不管碰到什么事情,都要用自己的理智去分析,研究其真相,判断其是非,然后决定取舍。阅读古书,要用历史的发展的眼光去分析,这样才能弄明白社会制度的由来和文化的变迁,才能对社会满怀改革的热诚。时代总是要向前进的,你学了知识技能,就要去为改造社会服务。"这些话一直铭刻在钱三强的脑海里,矢志不忘。父亲的榜样和亲切教诲,一直引导着三强向前,直到晚年,三强先生还记忆犹新。

三强七岁时进入最早采用白话文的孔德学校，这是一所实行十年一贯制，以拼音字母教学，提倡德、智、体、美、劳全面发展的新型学校，这所学校原是由蔡元培、李石曾等北京大学教授们创办的子弟学校，钱三强在这所学校受益甚多，培养了广泛的兴趣，并对法文打下了良好基础。

　　孔德学校有很强的师资阵容，各科老师水平都很高，这对小三强的成长提供了极好的条件。语文课是王吕青老师教的，他指导学生读司马迁的散文，李清照的诗词和鲁迅的杂文，引导学生对文学产生爱好，活跃学习空气，还引导学生参加社会文化活动，如班上有一个文弱书生，名叫李志中，竟在当时的《华北日报》担任一个副刊主编，这个副刊每周一期，多数稿件就是班上同学撰写的，小三强也是撰稿人之一。这一活动大大地训练了小三强和班上同学的工作能力，小三强从小就爱打球，十三岁刚升入初中时，就参加了班上的篮球队，担任后卫。他在打球时很注意配合，总给中锋传递好球。运动锻炼了他的身体，也加强了他的集体精神，三强在十五岁时还代表学校参加北京市学生乒乓球赛，得过奖。他从小就注意锻炼身体，这使他后来能胜任繁重的工作。

说到那位副刊主编李志中，要提一提"三强"这个名字的由来。原来钱三强从小有另外一个名字，叫钱秉穹。

一天，李志中给钱秉穹写信，自称为"太弱"，而把钱秉穹戏称为"三强"。

这封信被钱玄同看到了，问这个太弱和三强是谁？

钱秉穹回答说："太弱是同班同学李志中的外号，因为他在兄弟姐妹中是老大，身体较弱，所以自称太弱。三强是他给我起的外号，因为我排行老三，喜欢运动，身体强壮，所以他把这个外号安在我的头上。"

父亲听了很高兴，脱口而出，"名字本来就是一个符号，我想三强这个名字不错，也可解释为立志争取在德育、智育、体育三方面都进步的意思。"

德、智、体都进步，这正是父辈对孩子的期望，也是同学对自己的鼓励。钱秉穹一向追求的也正是这一目标。秉穹也觉得这个名字好，从此钱秉穹就改名为钱三强了。

除了语文老师以外，还有两位老师也对钱三强有很大的影响，他们是教物理的吴郁周老师和教数学的陈君哲老师，其教学效果都很好，引起了钱三强对理工的兴趣。

十五岁的钱三强已经把国家的安危作为己任，他想，要使国家不受列强欺负，就要摆脱贫穷落后的面貌，这非建立强大的工业不可。

是的，1919年，当时三强才七岁，就亲眼目睹了青年学生的游行示威，反对帝国主义、封建主义的五四运动，在他的幼小心灵里，留下了深刻的烙印。为什么列强总要欺负我们？为什么我们就不能摆脱穷困？帝国主义在中国作威作福，什么时候有个头？灾难深重的中华民族何日才能站立起来？这是小三强经常思考的重大问题。

八年后的1927年，钱三强已经进入青少年，他懂了更多道理。北伐军的节节胜利，孙中山先生的三民主义和他治理中国的宏伟蓝图，进步书刊的教育，同学们的爱国热忱，激励着钱三强发奋图强。国家兴亡，匹夫有责！钱三强立志要学电机工业。

他把自己的意向讲给父亲听。父亲先是一愣，听后点头表示赞许。

作为一位文学教授，钱玄同当然希望儿子能继承父业，因为儿子已经表露出在文学方面很有才华。但是他尊重孩子自己的意愿，他对待孩子的兴趣和志向，总是采取支持和保护的态度；他表示赞许，不单是因为儿子自己选定了好的志向，而是因为看到儿子有自己的主张，有坚定的意愿和自立的信念了。

于是，父亲恳切地和儿子商议具体方案，看他想选择什么大学。

三强说："听说上海的南洋大学有电机系，我想去那里念大学。"

南洋大学就是现在的上海交通大学，创建于1896年，当时就是一所工科很强的著名的大学。

"然而，南洋大学用的是英文教材，而钱三强在孔德学校学的是法文，这怎么行呢？"父亲提出了这个问题。

三强想了想，答道："我可以从头补习英文。"

原来，孔德学校是十年一贯制，比正规中小学少两年，利用这两年时间可以进预科补习功课，也许能够在这段时间里学英文。于是钱玄同建议儿子试试北京大学预科，进北京大学预科是要经过考试的，入学考试中的外语可以选英、德、法、日的任何一种。父亲说："你的法文不错，我想没有问题。如果考上了，用两年功夫学英文，再考南洋大学吧！"又说："不过，北大预科也要用英文教材，你能跟得上吗？"

父亲用商量的语气和儿子说话，希望能帮助他考虑得更全面些。只听得三强斩钉截铁地回答道："跟不上，留一级也要跟上。"父亲见他态度如此坚决，就欣然同意了。

这一年，钱三强果然考取了北京大学理科预科。入学后，他刻苦攻读英文，以加倍的努力背英文单词、念课文。他有学习法文的经验，尽管文法结构有所不同，但只要用心，还是可以触类旁通的。他坚持这样做下去，效果非常显著，英文的成绩逐渐上升。

北大预科有很好的实验条件，实验课老师龙际云热心的指导，使钱三强对实验发生了很大的兴趣，也明白了许多道理。他开始真正地体会了实验的重要性。化学课是虞宏正老师教的，物理课是张佩瑚老师教的，他们都有很高的水平，把科学内容讲得十分透彻。不过，数理化等课程对他来说显得很轻松，因为他在孔德学校已经打下了很好的基础。这时正是学习的大好时机，他渴望学到更多更新的知识。

钱三强是北大教授的子弟，对北京大学的情况比较熟悉，他课余时间到校内听各种感兴趣的讲座，他开始在科学的园地里寻找更多的知识。这时清华大学有两位刚从美国回国的知名教授在北大兼课，给本科生讲物理。一位是吴有训教授，专讲近代物理，另一位是萨本栋教授，专讲电磁学。钱三强慕名来听吴有训先生的课，深深地被他生动的讲课所吸引。吴有训教授讲得透彻生动，引人入胜。他很注意课堂演示，把抽象的科学概念通过演示实验说明得一清二楚，最吸引钱三强注意力的是吴有训先生在讲"振动和共振"的演示。吴先生在讲台上拉一根长绳，中间等距离地连接八根长度相等的短线，短线下面分别吊着同样的旧干电池。他先让第一只干电池摆起来，经过一段时间，这只干电池的摆动逐渐减小，而第二只干电池却自动摆动了起来，摆动逐步传到第三只和第四只。接着，他把短线改变成不同的长度，这一现象就不复存在。演示之后，大家又饶有兴趣地听取吴先生的解释，他一下子就把共振的道理由浅入深讲得非常透彻。钱三强十分敬佩吴有训教授的学识，渴望从那里获得更多的物理学知识。在吴先生的启示下，他阅读了一些物理书籍，其中有罗素的名著《原子新论》，对原子物理学发生了浓厚兴趣，于是在1932年预科毕业时，改变志向报考了清华大学物理系。

名师出高徒

　　1932年，钱三强来到了清华大学，当时清华大学因为坐落在清华园里，因而叫做清华学院，后改名为清华学校。1928年才正式改为国立清华大学。美丽如画的清华园，原来是一座王府。西靠世界闻名的颐和园与圆明园，风景秀丽，环境宜人，确是读书做学问的好地方。年轻的钱三强进到清华园，环目四顾，清华大学的校舍实在名不虚传。大圆盖的礼堂坐落在正北，气势显得很雄壮；礼堂前的草坪像绿茸茸的地毯，三层楼 的科学馆在草坪的西侧，物理系就在二楼。清华学堂在草坪的东侧，是学校办公的地方，钱三强首先进入这里，办理报到注册手续，然后，到科学馆二楼向物理系报到。

钱三强考入清华大学物理系，这确是一个极好的选择。因为这时清华大学物理系正处于鼎盛时期，知名教授云集，学术气氛甚浓，在国内外已经享有很高的声誉。当时的清华大学，可以说是理科，特别是物理学这一科，是第一个在中国生根的园地。它除了经费比较充裕、教职员工的待遇较为优厚之外，主要是学校形势比较稳定、具有学术民主的传统。在这之前，南京有一段历史更为悠久的大学，是由南京高等师范改成的大学，名叫东南大学（后来又改名为国立中央大学），是当时的国民党政府扶持的重点大学，一批批从国外回来的留学生很多都集中在东南大学，一时间东南大学成了国内人才最集中的地方，可是不久就发生军阀混战，南京是政治中心，很不安定，大家对孙传芳的统治非常反感，觉得前途无望，相继离开南京，其中一大部分北上转移到了北京（当时叫北平）的清华大学。当时清华大学有明确的办学方针，广招贤才，优秀人才纷纷应聘前来任教。一时间，清华大学成了理科教学和研究的中心。

清华大学物理学院和物理系的创办人是梅贻琦和叶企孙。经他们推荐，清华大学陆续延聘了一批学术造诣较高的理学院教授，例如：1927年数学系请来了熊庆来；1928年物理系请来了吴有训和萨本栋；1929年化学系请来了张子高和蒸本铁；物理系请来了理论物理学家周培源；1931年物理系请来了赵忠尧。1932年以后，又有一些高水平的科学家应聘，到抗日战争前夕，清华大学物理学院的教授阵容在国内名列前茅。

30年代初，在叶企孙教授和吴有训教授的主持下，清华大学物理系在教学和科学研究两方面都取得了长足的进步。这两位系主任都有十分明确的办学方针：就是要建立一个高水平的培养物理人才的基地，必须开展科学研究。由此，他们在延聘学术造诣较高的教授的同时，积极筹划既有利于培养人才、又有利于研究工作的实验室和其他辅助设施，诸如能供师生亲自动手的金属车间和书刊资料比较齐全的系图书馆。钱三强进入清华物理系时，这里已从初创走向正规。

一个学校的办法质量，关键在于教师和校风。国立清华大学老校长梅贻琦教授就说过这样的话："所谓大学者，非有大楼之谓也，有大师之谓也"。清华大学理学院，尤其是物理系，真可谓名师荟萃。当时有以测定普朗克常量著称的叶企孙教授、以验证康普顿效应著称的吴有训教授、以电机理论著称的萨本栋教授、以研究基本粒子著称的赵忠尧教授以及霍秉权、任之恭、沙玉彦、余瑞璜、张景濂、王谟显等名人。实验室里已经有一批比较好的仪器设备，有的还很贵重，而且更重要的是，已经能自己加工制作一些小型的仪器设备，也能自己动手修理一些仪器。物理系培养了一位仪器员，名叫严裕昌，他有一手好技艺，不但把全系的仪器管理得井井有条，而且能灵巧地制作一些必要的配件，对物理系的教学质量和科研进展起到了保障作用。

清华大学的最大特点是教师们除教学工作外，大多数还亲自进行各自的科学研究，这对当时的中国来说，是相当突出的。许多大学纷纷设立物理系，很不容易地请来了几位教师或教授，勉强开出几门必要的课程，课程的质量难得保证，更谈不上开展科学研究了。钱三强在清华大学的四年期间，物理系开展的科学研究就有很多项目，其中大多数是那时国际上的前沿课题：例如：吴有训进行的X射线散射研究，取得了理论上和实验上的成果，在国内外发表了一系列论文；赵忠尧和霍炳权研究核物理，他们研制了威尔逊云室；萨本栋和任之恭进行的电路和电子学方面的研究，还准备试制真空管；周培源进行广义相对论方面的研究，提出了重要方法，具有重大理论意义；叶企孙进行的光谱学和声学研究，也获得良好的结果。优异的学术环境，使钱三强这一班级得到了特殊的培养和训练。毕业前要求每个人认真地写毕业论文，四年级时，除了几堂必修课外，学生们的主要精力都用在毕业论文上，每人都有一位指导教师，教师帮助选定论文题目，学生在教师的指导下自己查阅文献，设计实验、制作和配置仪器，然后进行实验和理论分析，最后是写作论文和进行答辩。整个过程要求非常严格，这种训练对以后进行科学技术工作很有益处。钱三强先生五十年后回忆说："我们后来在国外进行科学研究工作时，由于国内受到这种训练，因而很快能动手做实验，不差于同时工作的外国青年。"

钱三强在清华大学学习期间，有两门课印象特别深。一门是叶企孙先生的热力学。热力学是一门比较不容易讲的理论课程。叶企孙先生是上海口音，而且有点口吃。但是这些并没有妨碍他把热力学这门课讲好。他把基本要领讲得非常清楚，他话讲得不多，但都经过深思熟虑，条理异常清晰，在一些关键性的地方，他不厌其烦地重复讲解，直到学生们弄明白为止。他的课指定有参考书，但他从不照本宣科。叶先生在这几年中曾连续讲了两三遍热力学，每年举的例题都各不相同。他有时就让同学们借上一班的笔记来参考。叶先生备课十分认真，他每讲一遍都要添加新的内容和新的体会。钱三强在学生时代就非常敬佩叶先生，叶先生的敬业精神，给他留下了终身不忘的印象。据钱三强先生回忆，十几年后当他从法国回北京，曾应聘在清华大学任教，有一段时间住在叶先生家里，正好叶先生又在教热力学，钱三强这才注意到叶先生的备课与常人不一样，他几乎都是用热力学最近发展方面的例子来做讲课内容。类似于国外高水平的教授那样，原来叶先生教课的过程，也就是他吸收国外最新研究成果并发挥自己观点的过程，这种独创性的教学实在难得。

另一门课就是吴有训先生的近代物理。吴先生讲课内容非常新颖，绝大部分是近代重要物理实验和所得结果，以及这些结果的意义。他讲了密立根的油滴实验、J·J·汤姆生的抛物线离子谱、汤森的气体放电以及卢瑟福的 α 粒子散射实验等等。他上课，嗓门大，准备充分，选材精练扼要，科学性和逻辑性强，说理明了，讲解生动形象，引人入胜。他特别注重引进新鲜内容。他还经常介绍一些大科学家的生平事迹，例如他常用法拉第、卢瑟福、玻尔的故事启发和开导学生，讲这些科学先辈献身科学的奋斗经历，他们的顽强精神，用来鼓舞和激励学生。吴有训先生在课堂上常常对学生们说："你们任重道远、前途无量，发展中国的科学事业应要靠你们这些后生。"吴有训教授是江西人，他带着江西口音的讲话使听众感到格外亲切。

对于钱三强来说，理论课重要，动手能力的培养同样重要。吴有训教授要求物理系的学生要像化学系学生那样选化学系的化学实验，即每周两个下午实验。还希望学生学点金工。钱三强按照吴有训教授的指导选了这些课程。在这些课程中学到的技术，后来都用上了。吴有训教授还亲自开一门实验技术选修课，教学生吹制玻璃制品。钱三强和其他五六位同学选了这门特殊的课。吴有训教授亲自指导每个人操作，他手把着手地教学生掌握烧玻璃的火候和吹玻璃技术的关键所在，并随时指出缺点，他鼓励学生要敢于动手，多做实验。

吴先生本人就是身体力行的典范。在清华大学的科学馆里，学生们常常看见这位知名教授，身穿粗布工服，时而用煤气和氧气的火焰，拔制石英丝，安装静电计，时而拿起木工刨锯，做起放仪器用的板凳。钱三强印象最深的，就是吴有训先生经常告诫学生的一句话："实验技术的培养，要从拿螺丝刀开始。"这对钱三强有很深的教育意义。等到钱三强四年级做毕业论文时，吴有训先生亲自为他点了一个实验研究的题目："金属钠对真空度的影响"。吴有训先生给了一个真空泵和一些玻璃制品，让他用吹玻璃的技术连接成真空系统。钱三强在试抽真空时，突然玻璃的真空系统炸裂了，吓得他不知所措，立即向吴有训教授报告，吴先生没有责备，只是叫他赶快把窗户打开，以免水银中毒。然后再从容地向钱三强解释，炸裂的原因在于玻璃制品中应力不均匀，以后要注意退火。这使钱三强深受教益。

清华大学物理系对学生的选择非常严格。钱三强这个班组（物理八级）入学时共28人，1933年升入二年级时，减到了12人，1934年入三年级时，又减到10人。这10人是：陈亚伦、钱三强、何泽慧、谢毓章、许孝慰、戴中（即黄葳）、王大珩、杨镇邦、杨龙生和郁钟正（即于光远）。

物理系那时的课程并不很多，但都是精选的重点课，四年中只学普通物理、理论力学、热学热力学、电磁学、光学和声学、电动力学、量子力学、统计力学、近代物理、原子物理、相对论和无线电学等十二门课。每学期只有一两门主干物理课，各门课讲得都不多，但每堂课一开始总要公布指定自学材料的书目和章节，这些自学材料在图书馆阅览室借书台上用很简便的手续可以随时借阅，只要拿借书证作抵押就能借用一个单位时间。例如，赵忠尧先生讲电磁学，一学期讲课45小时，每周3小时，课本是佩济与亚当所著的《电学原理》（这是一本通用的电磁学教科书），还要求学生自学路易斯编的工学院直流电机和交流电机两本教材的主要部分。各老师讲课都很精练、精彩、富有启发性。他们大多不按教材讲，而按逻辑体系和历史发展的顺序讲，一般都能启发学生思考问题、使科学的精髓深入学生思想，经过自由争论，都变成了自己的东西，终身不忘。尤其是像热力学、量子论、相对论、量子力学、近代物理等新概念较多的理论课程，每当涉及光速与光源运动的关系迈克尔-莫雷实验的发展、黑体辐射、量子概念、放射性、玻尔原子模型、跃迁的选择定律、热力学第二定律和熵的概念，都是老师们特别重视的地方，就着重讲解，务求让学生对新概念的实质，产生新概念的历史背景和提出新概念的实验依据等等方面有详尽的了解。同学们既认真做笔记，又集中注意力按照教授的指点进行思考，一学期下来，同学们收获都很大。钱三强和大家一样，兢兢业业地学习，四年的大学生活很快就过去了，他以优异的成绩结束每一个学期，又以饱满的热情迎接每个新的学期。

钱三强非常珍惜宝贵的大学学习，他把每门课的笔记在学期结束时都妥善地装订成册，加上封皮，就像一本书那样，这样就不会散失，随时都可以备查了。

物理八级是一个学术气氛十分活跃、相处融洽的班级。大学跟本系各位老师关系都很密切，特别是跟赵忠尧先生和周培源先生，赵忠尧先生是他们的班主任，事无巨细，关怀备至，周先生给他们学习方面的指导，使他们深受教益。因为周先生开的理论力学是第一门专为本系学生开的课程，周培源教授劝导大学多读参考书，鼓励大家独立思考，独立研究，凡事要有自己的见解，学到的知识，要能融全贯通，提纲挈领，纳入自己的体系，变成自己的东西。他说，作学术报告对自己确是一个很好的锻炼，建议班上定期地开一些科学报告会，物理八级按照周培源先生的意见组织了这样的讲学会，每人自选专题，收集资料，准备演讲。杨镇邦讲的是"逃逸速度"，许孝慰讲的是"肥皂泡的表面张力"，钱三强讲的是"真空的测量"，王大珩讲的是"光栅的制作"，何泽慧讲的是"云雾室的新进展"。他们有的到图书馆借阅大部分外文书，有的在杂志中查找资料，有的讲自己的亲身经验和研究成果。令大学生最感兴趣的是特邀七级学友熊大缜讲的"赤内照相"。所谓赤内，后来改名为红外线，是一种看不见的光线，其波长比红光还要长。熊大缜技艺高超，他展示了最新拍摄到的一些红外线照片。其中一张是他深夜在清华大学气象台顶层拍摄的西山风景。其清晰度不亚于白天拍的普通照片。照相术不但在生活中有很大的吸引力，而且在近代科学技术的发展上立下了功劳。钱三强对这门技术特别感兴趣，熊大缜的演讲给他留下了难忘的印象。

在清华学习期间，学生的文艺生活相当活跃。钱三强记得，在他临近毕业那一年校庆，四月底的一个晚上，他也参加了哥咏晚会，而且和大学同学一起登台演出。他参加一个合唱队，是八级生临时组成的。他们首先唱的是由朱自清先生作词的第八级级歌，歌词如下：

"维风雨飘摇，维风雨飘摇，鸡鸣四野声胶胶；

同堂朝复朝，同堂朝复朝，天涯海角来订交；

同德同心其利断金，慷慨各努力；

吾侪任重路迢迢，为校光为国光；

诸弟兄姐妹，志气干云霄，少年志气干云霄。"

接着九级生合唱队也登台演唱，他们首先唱的是第九级级歌，歌词如下：

"莽莽平原，汉汉长天，举眼破碎河山；

同学少年，同学少年，来挽既到狂澜；

去向民间，去向民间，国家元气在民间；

莫怕艰难，莫怕熬煎，戮力同心全在咱。"

歌词悲壮动情，感人肺腑，这一盛况，钱三强一辈子也忘不了。

四年的大学学习生活行将结束，在毕业典礼之后，全班同学相聚在大礼堂前的台阶上合影留念，大家的话题不约而同地转到毕业后的出路上，这时已经有两位同学找到了工作，他们是杨镇邦和陈亚伦。就在毕业典礼的前夕，杨镇邦和陈亚伦匆匆离开清华园，赶赴南京，去兵工署的弹道研究所报到了。

毕业后的选择

　　1936年夏天，钱三强即将从清华大学毕业。他在吴有训教授和其他老师的精心培育下，已经成为经过全面训练、具有基本工作能力的物理学工作者，毕业后到哪里去，这是每个毕业生都必须考虑的问题，也是学校老师费脑筋并非常棘手后的问题。在旧中国，大学毕业即失业是普遍现象，如果不早作准备，利用各种关系，特别是私交，预先联系，即使是高材生，也很难找到合适职业。

　　在十分困难的条件下，系里教授们为同学们联系到了几个可能的去向，其中最有把握的是到兵工署当技术员。这是因为抗战前夕形势紧张，加强国防迫在眉目，而这份工作并不是什么人都愿意去的。原因之一是，国民党的消极抗日、积极反共的政策不得人心，谁知道，制造了枪炮会用来干什么呢？所以，钱三强心里十分犹豫，他回到家跟父母说。

"学校准备把我推荐到兵工署去工作，你们看呢？"钱三强对父母说。

"兵工署是打仗的吧！这个地方可不要去。"妈妈立刻表了态。

钱玄同明确发表了看法。

"兵工署你不能去。兵工署有很多技术工作，但是到那里肯定不完全是干技术工作。"父亲深知国民党政府的腐败，兵工署是国民党的直属单位，管制一定很严，进去了就出不来。谁知儿子将会变成什么人啊！

于是，婉转地补充说："如果你不去参加军事方面的工作最好，搞学校教育和研究工作都可以。"

钱三强沉思片刻，懂得了父亲的意思，点头称是。在人生的重要关头，父亲为钱三强确定了正确的方向，使钱三强走上了为祖国科学和民主献身的道路。说是人生的重要关头，一点也不过分。假如当时钱三强真的去国民党兵工署报到，钱三强也许就要走另外一条道路了。

父亲的指点使钱三强理直气壮地找到吴有训教授，把父亲的愿望表达了一番。吴有训教授恳切地对钱三强说："系里老师只是给同学们提供可能的出路，并没有把握替每位同学谋求职业。我们经过多方努力，也只能满足半数人的要求。像你这样的成绩，应该说留在清华担任助教工作最合适不过了。可是物理系教师名额已经满员，不可能再增加。也许可以到严济滋先生主持的北平研究院物理研究所试试。这个研究所刚成立不久，可能进人。"

对北平研究院钱三强这班是熟悉的，老师曾在不久前带领全班去那里参观过。北平研究院物理研究所比起清华大学物理系来，规模小多了。北平研究院成立于1929年9月，在副院长李书华先生的主持下又成立了物理研究所，后由从法国留学归来的严济慈先生担任所长。严济慈以光谱和水晶压电效应的研究著称，他带领几位年轻的科学家以物理研究所为基地，在很艰苦的条件下，为科学研究作各种准备工作。他们准备在光谱学、压电晶体和地球物理学等方面开展科学研究。

钱三强明白，到新成立的北平研究院物理研究所工作，并不一定是好单位，因为面临的可能是一片"荒凉的处女地"，缺乏资料，更缺乏经费，工作中肯定会遇到难以预料的困难。要准备为科学事业作出必要的牺牲。钱三强正在沉思之际，只见吴有训先生从抽屉里拿出一封写好的信，是给严济慈先生的，原来吴有训先生早为钱三强考虑到北平研究院去了。原来，系里安排毕业生去北平研究院访问，就包括了介绍职业这项目的。

钱三强十分感动，他恭恭敬敬地向吴老师鞠一躬。双手接过信件，信是这样的："慕光兄：钱三强君是我系今年毕业生中的佼佼者，成绩斐然，尤长实验，特推荐给您，恳请接待一谈。吴正之。"慕光是严济慈的别名，正之是吴有训的别名。

第二天，钱三强来到北平研究院，严济慈所长热情地接待了他。从谈话中严济慈了解他是北京大学教授钱玄同的儿子，就立即表示非常敬佩钱玄同教授，要他向其父亲致意。接着，问他在清华学了哪些课程，做过什么课题。当他得知钱三强在三年级参加光谱学实验，在四年级研究过真空系统时，严济慈所长非常高兴。他拉着钱三强的手说："我们这里就是缺少像你这样的人，不过北平研究院不像清华大学那样有雄厚的实力，经费十分困难，难以进新人。实在抱歉，今天没法答复你，等我向院部报请增添人员名额，有结果我会马上告诉你，不过，请你们不要抱太大的希望。"

严济慈对钱三强有极好的印象。他觉得钱三强真诚朴实、思维敏捷、热爱科学、训练有素，必将是科学研究的将才，他就是喜欢这样的青年人，于是立即向院长写了书面报告。

几天后，钱三强出乎意料地得到了北平研究院的专函，要他在学业结束时去北平研究院物理研究所报到。

1936年秋，钱三强开始成了严济慈的又一名助手。钱三强清楚记得他刚进物理研究所时严先生和他第一次谈话。

严先生问钱三强："你的兴趣是什么？"

"我就是要做实验。我认为，科学上的进步，总是要由实验做出来，以后才由理论来论证。中国落后，条件比西方差，更应该重视实验，否则科学就是无源之水，无本之木。"钱三强一本正经地讲他对实验的看法，毫无顾忌地发表自己的意见。他希望得到严先生的赞同。严先生看到钱三强这股冲劲，喜在心头，他微笑了。他理解年轻人想事情容易片面，一边点头表示赞许，一边补充说："实验是很重要，常常是实验做出东西来，科学才能推进，但是没有理论也是不行的。"接着，严先生又问钱三强：

"你对物理研究所印象如何？"钱三强回答说："很好，比我想象的好，这几年大家在您的指导下已经做了不少工作，有的甚至是白手起家，有的课题很先进，我还不大懂。"钱三强直率地说。

严先生向钱三强交代任务："我们现在要发展分子光谱，这是一门正在发展中的学科，别的国家已经建立了一些基础，我们还没开展，我先给你指定几篇论文，你看了再选定题目。除此之外，请你为所里做两件，算是服务性工作，一是管理图书资料，二是协助管理照相室。我们这里比较自由，你可以做些你想做的事情，任务不给你规定死，你可以借此机会学学照相技术，也可以试着做些光谱学方面的工作，如果有问题，可以找我。也可以回清华找你的老师，叶企孙先生就是这方面的专家呀！"

严济慈非常敬佩清华的叶企孙先生和吴有训先生，他不止一次地向钱三强询问清华大学物理系的教学和科研情况。并且表示，像叶企孙那样艰苦创业，克己奉公、引贤让位的精神，实在是难得。他还说，吴有训回国后立足于国内，率先到国外发表论文，这真可谓开了我国物理学研究的先河。他信任叶企孙和吴有训，相信他们培养出来的学生是受过严格训练的。但是，究竟是否经得起考验，还要看学生本人呢！于是，严济慈又问钱三强对工作有什么想法。

钱三强点点头，他对严先生的安排非常满意，觉得浑身有使不完的劲，真恨不得马上就开始工作。

在钱三强的精心管理下物理研究所的图书馆资料很快整理得井井有条。他立下规矩，凡是借阅图书资料者都要按章登记，按时归还，按原样复原。这样，他就不必坐守在资料里，可以把更多的时间用在照相技术上。对于照相工作，他不单是注意技术，而是从基本原理出发，务求把道理搞清楚，越是钻研越觉得有味道。这样，他对照相技术越来越有兴趣，整天在暗室里也不感到腻味。照相技术涉及许多化学知识，正好发挥了他的所长，渐渐地他的技艺超过了早就在这里工作的同事，两位原来主管照相工作的同事看他肯干，甚至把自己担负的一份洗相工作也交给钱三强做。钱三强并不介意，但是不久严先生知道了，很不高兴，他问钱三强："怎么，那两位就不做了吗？"钱三强回答道："他们事情多，我做了对我自己也是个锻炼，多做点没什么。"

严济慈所长对钱三强忘我的工作态度产生深刻印象，他非常欣赏钱三强的开阔胸怀和积极向前的精神风貌。但他只是微微地点了一下头，表示理解。作为一位所长，他不能让所里任何工作放任自流，还是对这件事情采取了措施，他批评了那两位同事，并且要求钱三强尽快地开展分子光谱的研究工作。

不久，钱三强在调整光谱仪之后，转向分子光谱的课题。严先生亲自教他如何配置吸收器皿。这是一根长一米多、内直径为3厘米的钢管，两头以玻璃为窗，中部通电加热，两端绕冷水降温，钢管内能充以氮气，以防金属蒸气凝聚。严先生给钱三强出的题目是铷分子的带光谱。铷是比钠还活泼的碱金属。如何备置铷蒸气是一项很复杂的实验技术。为此，钱三强在严先生的指导下，反复练习，终于做成了符合实验需要的铷蒸气吸收器。铷蒸气要保持在三四百度的高温。一盏大瓦数的电灯泡对着吸收器的窗口，电灯发出的是连续光谱，经金属蒸气吸收后，从另一窗口射出的就是吸收光谱，光谱的一部分因被吸收而出现暗线或暗带，他们研究的就是这些暗线和暗带。钱三强根据严先生的提示，找到有关的文献资料，并一一作了笔记。这些文献资料有的是英文，有的是法文，有的是德文。由于他们所用的光谱仪是分辨率非常高的凹面光栅，测到的光谱波长都是六位有效数字，十分精确。几个月下来，钱三强摄制了上百张吸收光谱底片，经过仔细测量，把数据列入表格，画成曲线，然后跟严先生一起分析。1937年初，他们以"铷分子的带光谱与解离能"为题用英文写了一篇很长的论文，寄送到美国著名物理学杂志《物理评论》，很快刊登在该刊的七月中的一期上，这是钱三强的第一篇论文，是和知名学者严济慈合作，发表在国外科学期刊上的。通过这一课题，钱三强得到了锻炼，学到了许多宝贵经验，这也证明，钱三强一开始工作，就显示了出众的才华。

严济慈看得出钱三强的基础扎实，他在清华受到的训练跟一般大学毕业生就是不一样，会查资料，会整理文献，会提出问题，对实验数据要求很严格，具有一丝不苟的认真态度，会独立撰写报告，虽然直接用英文表达有些困难，但在严先生的帮助和指导下还是写出来了，经过严先生加工修改，寄到美国，竟立即被采纳发表。

严济慈对钱三强的能力深为欣赏，他想，如果钱三强像他那样有出国深造的机会该多好啊！在他的帮助下已经不止一个助手出国留学了，怎样才能为这样一位优秀的年轻人谋求更好的发展条件呢！

好苗要靠好园丁栽培，高徒要靠名师指引。

1937年夏季的一天，机会终于来了。严济慈先生从友人处得知，中法教育基金委员会有三个出国名额，其中有一个是镭学，正适合钱三强。不过，需要通过严格的考试。严济慈此刻正在准备再度去法国，参加在巴黎举行的国际文化合作会议。他把自己的想法告诉了钱三强，并且对钱三强说："考试分两科：物理和法文。你可以去试试。这个名额很不容易，是专门为居里实验室设立的。只是不知道你自己的意愿如何？"钱三强早就向往居里实验室，在他的心目中，这是科学圣地之一。他没有犹豫，立即表示同意，马上着手准备。严济慈嘱咐钱三强集中精力复习法文，严先生知道，他在中学学过法文，还是有基础的。至于从事放射性研究，最好早些告诉家人，听听长辈的意见。严先生关怀备至，连家庭都考虑到了。钱三强对此十分感激。

钱三强经过精心准备，物理和法文都考得很好。录取书收到时，严济慈先生已经离开北平，启程去欧洲了。钱三强按照严济慈留下的通信地址，写信告诉自己的导师。

三强要离开北平出国留学了，当父母的又高兴又激动，同时也具有几分担心，儿子要离开父母，远出国门，他会自己料理吗？他从事放射性研究，有危险性吗？国内风云莫测，他什么时候才能回国呢？这时，卢沟桥事变已经发生，日寇虎视眈眈；父亲的高血压病越来越严重，血管硬化，手足不灵便。国家和民族处于危难之中，家庭面临困境，他们多么需要儿子留在自己的身边啊！钱三强很理解父母的心情，哪里忍心离开。

钱玄同是深明大义的学者，他鼓励儿子说："你走吧！居里实验室在世界上很有名望，你学的东西将来一定会对国家有用的。'学成回国，报效祖国。'记住我给你说的这句话。"又转过来对孩子的母亲说："不要担心他的安全，孩子大了，让他自己到外面去闯闯吧！"

母亲点点头，对钱三强说："你走吧！不要挂念家里。我们有四个人呢！会互相照顾的，放心好了。"钱玄同拿出两幅写好的大字，书有："从牛到爱"、"学以致用"，交给钱三强保存。

钱玄同总是及时地以民族大义和社会责任开导自己的儿子，使儿子深受教育。

1937年8月，钱三强告别了父母，告别了同事和同学，告别了恩师，前往上海，转乘去法国里昂的邮船。当火车离开北平车站时，他心潮起伏。祖国贫穷落后的面貌一定要去改变，科学救国的重任压压他的肩上。

初到巴黎

　　钱三强到达巴黎时，严济慈教授正在这里参加国际文化合作会议。他亲自带领钱三强来到巴黎大学镭学研究所居里实验室。

　　这是1937年9月的一天，他们见到了依莱娜·居里教授。依莱娜·居里教授欣然接纳钱三强作为自己的博士研究生，安排他在居里实验室和法兰西学院工作。

　　居里实验室是著名科学家居里夫人创建的。居里夫人去世后，由居里夫人的老同事德比埃纳担任实验室主任，主要的研究员就是居里的女儿依莱娜·居里和女婿弗雷德利克·约里奥。同时在法兰西学院由政府拨款筹建原子核化学研究所，由约里奥先生负责。居里实验室是在居里夫人亲自领导下逐步发展起来的，管理非常严格。法兰西学院的原子核化学研究所是刚建立的研究机构，正在添置一些新设备。约里奥教授有大规模的计划，钱三强到那里去，不但可以学到很多新的东西，而且也可以起到一个生力军的作用，为法国的原子核事业作出贡献。对于钱三强来说，机遇确实降临到了身边。从清华大学物理系到北平研究院，从北平研究院到居里实验室，钱三强遇到了好学校，遇到了好教授，遇到了好导师，现在领导自己的是刚刚获得诺贝尔奖的化学和物理学家。他暗暗地庆幸和鼓励自己："三强啊三强，这么难得的机会被你遇上，你可要紧紧抓住啊！"

依莱娜·居里从小就在母亲身边长大，母亲亲自教她放射性实验技术，带在身边作为自己的助手。在第一次世界大战期间，居里夫人在各地作随军诊疗服务工作，依莱娜·丑就帮她调整仪器，冲洗底片。那时依莱娜还不到二十岁。依莱娜可以说是在实验里度过自己青春的，从小受到科学的熏陶，父母的榜样、他们献身科学的经历和忘我工作的态度、科学家的家庭生活方式、科学研究的艰辛和乐趣，使她过早地成熟为一名有素养的科学人才。1918年，她只有二十一岁，就被委任为居里实验室的正式助理，主管实验室的日常工作。她那高超的实验技术、严谨的科学作风、忘我的工作精神简直就像是母亲遗传给她的。钱三强来到居里实验室，除了实验室管理严密、工作进行得有要不紊、工作人员严肃认真，给他印象最深的就是小居里夫人的工作作风。

小居里夫人整天潜心钻研放射性化学，她衣着朴实，少言寡语，不擅交际。但是，对人却十分和善，只要有问题找她，她总是认真地听取别人讲话，然后腾出时间跟你详谈。钱三强感到，小居里夫人表面上冷冰冰，内心却是热乎乎的。她做事极其细致，实验室的工作台总是干干净净、规规矩矩，除了玻璃器四由专门的实验员洗涤以外，都是由她亲自动手，很少依赖别人。

令钱三强终生难忘的一件事是，在一次与来自荷兰的同事合作的实验中，他们用一台真空泵。这是一台老式的机械真空泵，可能是20年代初的产品，这样的设备即使在落后的中国，也不算是先进的设备。真空泵用过后，因为时间已晚，没有及时推回原处，也没有加盖仪器布罩，就匆匆离开了实验室。第二天一早，当钱三强来到实验室准备还原仪器时，出乎意料地发现真空泵已经归复原位，布罩罩好，打开布罩一看，真空泵的表面擦得锃亮，原来小居里夫人是昨大最后离开实验室的一个，她发现真空泵用毕没有归还原位，就亲自和管理员葛黛勒夫人把它拉走，还原后才离开。这台真空泵是老居里夫人20年代购置的。老居里夫人非常爱惜这台设备，亲自维护，并要求实验室所有成员都要爱惜它。十几年来，这台真空泵一直处于完备状态，无论什么时候使用，它都能正常工作。电路接线良好，油位总在红线以上，运转没有杂音，表面光洁没有油污。居里夫人以身作则，要求严格，形成了这个集体的优良传统。钱三强对这些情况当然是知道的，所以，看到真空泵已经还原，就感到非常内疚。然而，更使钱三强不安的是，小居里夫人竟没有批评他们，甚至像是什么事都没有发生似的。后来钱三强才了解到，这种做法在居里实验室是大家的自觉行动。互相帮助、共同维护，在小居里夫人看来，这次没有注意，以后注意就是了。钱三强从这件事情认识到，一个著名的实验室，并不一定仪器设备特别先进，关键是严谨的科学作风，其次才是技术和设备；培养一个人也是这样，关键在于素质。人的素质是最要紧的！自己可要自觉啊！三强是这样想的，也是这样做的。严谨踏实，团结协作，从此成了他的座右铭。

约里奥教授在法兰西学院工作，他的性格跟其夫人正好相反，他待人热情，喜欢交往，是科学界的活跃分子。他不仅是一位优秀的科学家，也是一位优秀的组织工作者，同时，还为推动社会进步和国际合作起了积极作用。令钱三强惊异的是，约里奥跟工厂里的工人师傅有特殊的友谊，他无论走到哪里，都能和工人群众打成一片，和工人交朋友。他善于以群众的语言和老百姓谈天，问寒问暖，就像亲密无间的知己。

约里奥的动手能力很强，自己会开车床。有一天，他问钱三强，"你会不会开车床？"钱三强答："会一些，我在清华大学选修过金工实习，上过车床。"

教授听了很高兴，说："好，我带你一起去郊区的工厂，以后你也可自己去。"他们来到郊区的一个小工厂，只见约里奥教授就像遇到了老朋友一样，亲切地和工人师傅打招呼，一边抽烟，一边问候。他拍拍师傅的肩膀，把他的图纸交给师傅，师傅愉快地接过去，很快就做好了。有时需要修改，师傅马上返工，毫无怨言，有时还让约里奥亲自上车床，做出令他满意的东西为止，钱三强对约里奥教授这种平易近人、亲自动手的作风十分钦佩，使他联想到自己的老师吴有训也是这样，他们都是自己的榜样啊！

约里奥教授对钱三强说："实验室的工作如何能实现？很重要的是要使要人感到是合作，而不是受命于人。"

钱三强刚到巴黎时，约里奥正在筹备建立欧洲第一台回旋加速器，忙得不亦乐乎。这是一个庞大的工程，是法国政府重点支持的科研项目。如果不是后来德国法西斯侵占巴黎，本来可以出许多成果。德国人在40年代也想染指，打算据为己有，受到约里奥教授的坚决抵制，没有达到目的。在后面还要详细说到。

约里奥教授是实验能手，善于技术革新，他自己设计新型的云室，并且不断地加以改造和完善。钱三强为了准备博士论文，一开始就是在约里奥教授的指导下，自制一台新型的云室，有效灵敏时间达到0.3—0.4秒。后来又做了一个自动的照相机构，可以自动卷片。约里奥教授对钱三强的工作非常满意，特地向其夫人推荐，让钱三强把他制作的那台云室再做一些改进后安装在居里实验里，以便夫人作原子核反应的研究。

云室对钱三强来说并不陌生。在清华大学物理系他就参观过赵忠尧先生制作的云室，并且学习过用云室拍摄带电粒子轨迹的方法。它的基本部件是一个圆柱形铜盒，铜盒用玻璃盖住，底部经活塞通向一个大气囊，实验者预先把气囊里的空气抽掉，当需要观察带电粒子的轨迹时，实验者很快地打开活塞，使铜盒里的气压突然降低，也就是铜盒里的气体突然膨胀。如果膨胀的比例合适，在云室里就会沿着带电粒子的轨迹形成云雾，于是就可以看到带电粒子的轨迹。这是一个非常巧妙的方法，钱三强清楚地记得，正当他和班上同学对这个巧妙的方法感到神奇之际，吴有训先生在"近代物理"课上讲到了云室的发明经过。

云室，有时也称威尔逊云室，是C·T·R威尔逊在1911年发明的。由于它能直接显示粒子运动的径迹，所以一经发明就成了研究核物理和带电粒子的重要工具。后来发展为气泡室，在粒子物理学中继续发挥作用。

C·T·R威尔逊是卡文迪什实验室出身的一位实验物理学家。1896年获博士学位后，先当表演员，后当物理实验教师。他业余对气象有特殊爱好，有兴趣了解云雾现象的成因。于是在实验室中进行模拟实验，1895年初，他让潮湿空气膨胀，制造人工云雾，在实验中他发现即使当空气中没有尘埃时，只要膨胀比足够大，就有可能出现云雾。他敏锐地认识到，在尘埃完全清除的密室中，一定还有别的凝结核心，他想到可能是出现了某种带电的粒子。

在这以后，威尔逊坚持实验研究，不断改进方法，经历10余年，终于在1911年从云室的照片中找到了 α 粒子、β 粒子和电子的径迹。

1925年，布拉开特进一步改进云室方法，他把云室置于两个盖革计数器之间，安排了一套电路，使得只有当带电粒子相继穿过两个计数器，才能使云室动作，并拍下照片。这种自动方法大大地提高了探测粒子的效率。就在这一年，布拉开特从改进的云室拍摄到了原子人工转变的证据。

1923年，康普顿发现X射线散射后波长的现象，他假设这是光子与电子相互碰撞发生了反冲，在碰撞过程中，不但能量保持守恒，而且动量也保持守恒，从而对这一现象作出正解解释。这就是所谓的康普顿效应，正在人们对康普顿效应将信将疑之际，威尔逊用云室方法找到了反冲电子的径迹，令人信服地证实了康普顿效应，从而使人们进一步认识到X射线的波粒二象性。

1927年，C·T·R威尔逊由于发明云室获得了诺贝尔物理奖。

在20世纪二三十年代，威尔逊云室成了研究带电粒子轨迹的有力工具，是物理学家最喜爱的设备之一。许多人致力于改进它的工作性能，包括测量对象，工作速度和记录方式，陆续取得了一些成果。其中法国的约里奥作出了特殊的贡献。他的方法主要有两种：一是使云室中所充气体的压力可以任意调节，这样就可以改变测量粒子的范围。另一种是把膨胀速度做得很慢，延长有效的灵敏时间，这样就可以在一次动作中记下更多的粒子轨迹。钱三强仿制的就是这后一类，约里奥教授原来的云室灵敏时间大概是0.2秒，钱三强做的达到了0.3—0.5秒，比约里奥的还长，约里奥对此表示赞赏。

在居里实验室里钱三强干活很主动，什么活都争着干。他的目的是想多学一点实际本领。他向小居里夫人提出，希望参加做一点备制放射源的化学工作。小居里夫人问他："你为什么要学这个工作？"钱三强坦率地说："我回国后什么都要靠自己动手，都要会一点，不像这里分工那么细。"夫人听了很感动，马上介绍给葛黛勒夫人，请她安排。

葛黛勒夫人听说中国研究生要做放射源的备制工作，很不以为然。学物理的历来不重视化学，法国青年很多学了物理就忘了化学。她看了钱三强一眼，说道："一个好的物理学家，常常不是好的化学家。"

钱三强听了，自然很介意，但他并没的气馁，而是更努力地去做。开始，葛黛勒夫人总是不放心，隔一会儿就来看看。有一次，钱三强负责制钋源，已到最后封口阶段，钋源是装在一些小玻璃管中的，封口以后就要交出去用作实验的放射源。这时葛黛勒夫人来了，她说："我来帮你测量一下好吗？"钱三强心里明白，她是不放心。葛黛勒夫人取走了四个样品，分别放在仪器里测量。从游离室的金箔偏转大小，可以鉴定放射性的强弱。得到的结果是，三个样品完全符合要求，一个是略有差别，但仍在允许范围之内。

"基本合格。"葛黛勒夫人带着赞许的口吻向钱三强说。后来，钱三强才发现，葛黛勒夫人并不是对他一个人不放心，因为，即使是法国学生，如果是学物理的，一般都不擅长做化学工作，很多人在大学里没有好好学化学。特别是往往都不重视化学实验。不久前有一位新来的研究生就在配置放射源时出了事故，当她得知钱三强在大学一二年级时就掌握了很多化学分析技术时，点头微笑了。

葛黛勒夫人是小居里夫人的同学，也是法籍波兰人。她作为居里实验室的老管家，在居里实验室里是很受尊敬的一员。

葛黛勒夫人对钱三强的化学工作逐渐放手了。但是每当实验做到关键时刻，葛黛勒夫人总会出现在现场，盯着钱三强做，一直盯到底。她对钱三强说："这种工作要特别小心，搞不好会危害健康的。"钱三强听了这些话，非常感动。

当葛黛夫人把钱三强的化学工作情况讲给小居里夫人听时，小居里夫人表示：以后有这方面的事情可以多让钱三强干，不过要给予帮助。将来他用得着的。

从此葛黛勒夫人常常向钱三强提供有关核化学的知识和资料，钱三强也很主动地做些实验室的服务工作，他两人之间的关系很融洽。

葛黛勒夫人对钱三强越来越信任了，甚至在实验室里为钱三强做起了宣传。她对大家说："你们有什么化学工作，可以找钱，他做得不错。"于是，大家纷纷找到钱三强合作。钱三强在合作中既帮了别人，又可以把别人的本领学到手。钱三强待人和善，讲友谊、尊重别人，得到了同事们的普遍赞赏。钱三强在居里实验室的10年中，前后发表了30多篇论文，其中半数是与他人合作的。如果不善于与人合作，10年里是难以作出这么多成果的。钱三强深深体会到，团结合作是成功的要素之一；做些服务性工作更是增长知识和技能的好机会。

居里实验室除了法国科学家外还有许多来自法国境外的学者，例如：苏联的斯科贝尔琴；中国的郑大章、施士元（1929年毕业于清华大学物理系，这时已经回国了）；奥地利的哈尔班；波兰的柯瓦斯基；意大利的庞德科沃，等等，他们都曾参加过居里实验室的研究工作。庞德科沃原是意大利著名物理学家费米的学生。在法兰西学院的核化学实验室也有一些外国科学家。美国加州大学伯克利分校的劳伦斯教授，派他的学生帕克斯顿到巴黎帮助约里奥建造回旋加速器。钱三强和他们都能很好地共事。

伟大的发现

　　钱三强初到巴黎的一两年里，他一边在居里实验室如饥似渴地学习核化学知识和技术，一边还要到法兰西学院去制作云室。两边都表现出他特有的才干。有一件突然发生的事情使他意识到，机遇确实降临到了身上。这不仅是因为遇到了好导师，遇到了难得的好研究集体，而且是遇到了千载难逢的时机。

　　这是1939年1月的一天，钱三强正在法兰西学院工作。突然听到隔壁的约里奥教授叫他："钱，快来看，果然是分裂了！"

　　钱三强赶忙跑过去，只见约里奥用镊子夹着一张刚刚冲洗出来的底片，正对着墙上的灯窗观看。约里奥兴奋地对钱三强说："你看，这里轨迹向着相反的方向延伸，显然，这就是迈特纳提出的核裂变。"钱三强明白，这可是科学发展中的一件大事，因为人类第一次取得了原子核裂变的直接证据。由于约里奥教授先进的云室技术，在法国得到了第一张原子核裂变照片，这难道不是一件了不起的大事吗？钱三强一下子明白了，原来他正和老师们一起，处于科学发现的最前沿。他应该不仅是学习，不仅是将来回国做贡献，而且现在，就是现在，应该参与人类这一伟大的发现，应该为这一伟大的发现作出自己的贡献。他的两位导师不仅正在为此努力，而且已经作出了突出的贡献。

为了说明约里奥·居里夫妇对发现核裂变所作的贡献，我们有必要简单地对原子核裂变的发现史作出介绍。

原子核裂变也就是重核裂变，它的发现经历过很曲折的过程，其中许多事情与约里奥·居里夫妇有密切关系。首先是1934年人工放射性的发现，这是继中子、正电子和重氢之后最重要的发现之一。

1934年约里奥-居里发现人工放射性的消息传到罗马，罗马大学的一位年轻有为的物理学教授费米，想到用中子作为入射粒子要比α粒子有效得多。他就和他的小组用激光气和铍作为中子源，按着周期表的顺序依次轰击各种元素。1934年3月他们报道在轻元素中获得了人工放射性，其中包括氟和铝。他们继续进行实验，先后用中子辐射了68种元素，其中有47种产生了新的放射性产物。当他们用中子轰击最重的元素铀时，竟出现了非常复杂的情况。由于他们的化学分析力量比较薄弱，一时无法鉴定轰击后的生成物，只能猜测可能得到了比铀重的元素，也就是所谓的超铀元素。铀是第92号元素，费米小组做出来的超铀元素可能就是第93号元素。这一猜测轰动了全球。人们按费米小组的思路做下去，甚至"发现"了第94号、95号和96号元素。

后来证明，当时人们得到的并不是超铀元素，而是很复杂的产物，其中多数是重核分裂后的生成物，是一些中间元素。遗憾的是，物理学家普遍不往原子核分裂的方向想，他们认为：原子核是非常稳定的，怎么可能被小小的中子击破呢？

费米还有一项重大贡献，就是在1934年10月发现了慢中子的作用。这是一个很容易理解，但却是很新奇的现象。中子从原子核释放出来时，一般速度是很快的，由此很难被原子核俘获，只有当中子经过反复碰撞后，速度减慢，被原子核俘获的机会才会增多，因此轰击的效果也就大大增强。

当时许多实验室都在重复罗马大学的实验，其中最有成效的有两家，一家是德国的柏林大学化学研究所，负责人名叫哈恩，是德国著名的核化学家，从事放射性研究多年，发现了钍和镤，他以实验精细严密著称。女物理学家迈特纳和他长期合作，1917年曾经共同发现镤。他们共同研究中子对重核的轰击作用，不但肯定了超铀元素的存在，甚至还建立了相当系统的超铀元素理论。迈特纳是犹太血统的奥地利人，由于种族迫害，在他们的研究到了最关键的是1938年，被迫离开德国。

另外一家就是以约里奥·居里夫妇为主的居里实验室。这几年他们也在做中子轰击原子核的实验，他们同样没有摆脱超铀元素的思想束缚，和别人一样做了许多中子轰击重元素的实验，得到了大体相同的结果。但是由于居里实验室具有强得多的放射源，他们作出了别人没法得到的结果。1938年暑假，在一次报告会上，依莱娜·居里教授向实验室的同事们报告了最近的实验结果。这次暑期报告会钱三强在场。他记得很清楚，居里教授在报告的开头，说了一些令人不解的话，她说道："今天我讲的东西，开始你们都能懂得，但后来可能大家都不懂，报告结束时，你们大概会和我一样糊涂，照道理讲应该是什么元素，可实际上就不是。"原来，她和她的合作者沙维奇在实验中测出有一中间元素—镧的成分。但这是和超铀元素的理论相抗庭的。

本来依莱娜·居里再向前走一步就有可能作出原子核裂变的结论。遗憾的是，她没有完全摆脱超铀元素的枷锁，在已经露出裂缝的事实面前犹豫了起来，没有再往前走了。

不久，居里实验室报道镧出现的文章传到哈恩那里，他认为没有可能，一定是小居里和沙维奇搞错了，就和助手特拉斯曼立即重复居里的实验。

他们用慢中子轰击铀。经过一系列精细的实验在铀的生成物中不但找到镧，还找到了钡，钡的原子序数是56，而镧的原子序数是57。也就是说，他们从化学分析得到的结果，无可辩驳地肯定了中间化学元素（镧和钡）的出现。

哈恩对这件事情实在无法理解，他也如实地报道了实验结果。1939年1月德国的《自然科学》杂志发表了哈恩和斯特拉斯曼的论文，在结尾中，他们写道："作为化学家，我们真正应将符号Ba,La,Ce引进衰变中来代替Ra,Ac,Th，但作为工作与物理领域密切相关的'核化学家'，我们又不能让自己采取如此剧烈的步骤来与核物理学迄今所有的经验相抗衡。也许一系列巧合给了我们假象。"

上述这篇论文还未发表，哈恩就写信告诉了正在斯德哥尔摩诺贝尔研究所工作的迈特纳。她有一个侄子，叫弗利胥，也是物理学家，1934年流亡到国外，在玻尔的理论物理研究所工作。他们利用圣诞节假期到瑞典南部会面，自然就要对哈恩的结果讨论一番。弗利胥起初对哈恩的结果表示怀疑，但迈特纳坚信哈恩工作严谨，不可能有错。

在争论中，弗利胥想起了玻尔不久前提出的"液滴核模型"。这个模型是说，在某些情况下，可以把核想象成液滴，核子（质子和中子）就像真正的水分子。相互作用造成的"表面张力"使核平常保持球形，但在外来能量的作用下，"液滴"也可能由于振动而拉长。他们想，如果这时被中子击中，也许会以巨大的能量分裂。

几天后，弗利胥回到哥本哈根，正值玻尔准备离开去美国。弗利胥告诉他哈恩的化学结论和自己跟迈特纳的看法。玻尔听了十分高兴，惊呼："正应该如此！"

重核裂变的现象终于真相大白，弗利胥和迈特纳随即联名写文论证重核裂变的产生，"裂变"一词就是他们提出的。

玻尔将重核裂变的新进展向华盛顿第五届理论物理讨论会作了汇报。正好费米也参加了这个会议。与会者对这个问题极感兴趣。就在会议期间，华盛顿卡尔内奇学院、约翰·霍普金斯大学、哥伦比亚大学都分别证实了这一现象。

重核裂变的消息不胫而走，马上传到巴黎，正在从事核物理的约里奥教授立即投入这项研究。他做了两件重要工作，一件是从理论上探讨链式反应的可能性，文章发表后成了反应堆机理的根据之一；另一件就是用云室直接验证化学分析的结论。化学分析虽然很精确，但只能鉴定轰击后生成物的成分，并不知道原子核是怎样分裂的。云室就可以显示分裂的碎片分离的径迹，而约里奥教授正是在这个时候做好了这方面的准备，所以第一个获得了用云室观察原子核分裂的照片。

正好这时钱三强为居里实验室制作的可变压力云室已经安装和调试完毕。这台云室可以在不同的气压下工作，从纯饱和水蒸气的低压到几个大气压，云室直径和外加磁场都比别人的大，由此可以从径迹曲率确定 β 射线的能量。在低气压下拍得的粒子径迹，长度往往比正常压强下的更长10几倍。

正是由于有了这方面的准备，钱三强在发现重核裂变的关键时刻，以一个研究生的身份亲身参与了这一重大事件。

这是1939年初的一天，钱三强正在调试新安装的云室，依莱娜·居里教授兴冲冲地来到他的房间，问钱三强："钱先生，你愿不愿意跟我合作做一个课题？从最近的资料看来，原子核裂变是确定存在的，但是，目前的各种实验结果都还不够完善，我们如果以另一种方式进行实验，有可能为裂变的存在提供更多的证据。"

"我也有这样的想法，不过，我缺乏经验，还要靠您多指导"，钱三强答道。

依莱娜·居里教授笑着说道："没问题，你的工作蛮好。用你的云室做实验，放射源由我来做，测量和统计由你做。如果得到了肯定的结果，我们就尽快地发表，也算是我们对这一新发现投的一票。"

依莱娜·居里教授用化学方法提炼了两种从铀和钍被中子轰击后半衰期为3.5小时的成分，根据裂变理论，这两种成分都应该属于稀土元素镧。她让钱三强先后把这两种成分放在云室中观测其 β 射线的能谱，从能谱曲线看两者是否等同。如果是，就证明了铀的裂变和钍的裂变，可以得到同一裂变产物，更加证明裂变概念的正确性。

钱三强动手在云室里安装配件，依莱娜·居里设计了实验方案，她让钱三强负责云室的操纵和测量，自己亲自配制放射源。钱三强每天工作到深夜，大约做了三个星期，获取了大量数据。最后把统计数据画成曲线，交给依莱娜·居里教授，由她执笔写成论文，两人共同署名，题名"铀和钍产生的稀土放射性同位素辐射的比较"，发表在法文的《物理学杂志》上，这是一篇很有影响的论文，受到科学界的普遍关注。

在论文的最后写道："人们看到，在实验误差范围内，铀与钍受中子轰击后提炼出来的半衰期为3.5小时的放射性同位素的 β 射线谱是等同的，很可能它涉及在两种情况下得到的同一种放射性同位素。"钱三强对小居里夫人的科学精神深为佩服。他本来以为完全可以用确定的口吻说明实验结果。而小居里夫人却写上"在实验误差范围内"，"很可能"等字样，说明小居里夫人对待实验采取的是何等严肃的科学态度。

钱三强很幸运，刚到法国两年就参加了这样重大的研究工作。在这项研究中初步懂得了怎样进行科学研究。理解了导师和实验室传统与科学环境的重要性。特别是懂得了"机遇垂青有准备者"这个至理名言。他抓住了最初的机遇，克服了初出国门的各种困难，赢得了导师的信任。

半个世纪之后，为了纪念重核裂变发现五十周年，笔者请钱三强先生对历史作些回顾，并且指导我们的工作。钱三强先生在身体欠佳的情况下欣然同意。他给我们讲了许多当年的见闻和自己的亲身经历，同时也对历史发表了许多看法，我们请他写成纪念文章，在专门召开的全国性会议上宣读。由于医生不允许钱三强先生离开北京，他未能出席大会，纪念报告是请人代读的。会议结束后，笔者拟编译一本纪念重核裂变五十周年的小册子，请钱三强先生指导。钱三强先生建议我们，在历史文献中，应该包括1938年依莱娜·居里教授的论文，他对我们讲，依莱娜·居里教授虽然没有作出最后的发现，但是她的工作却是科学界发现重核的裂变的重要组成部分，是走向真正发现的一个必要的台阶。不能说依莱娜·居里教授的工作是一个失误，也不能说依莱娜·居里教授坐失良机。应该说，依莱娜·居里教授在发现重核裂变的事情上是有重要贡献的。国际科学界对她的评价有失公允。一个月之后钱三强先生亲自把依莱娜·居里教授1938年的论文从法文翻译成中文，交给我们编入纪念册中。他是在身体非常虚弱的情况下进行这项工作的。译文书写得非常工整，插图用胶纸端正地贴在文稿中。为了慎重，钱三强先生还专门请了杨承宗教授审阅译稿。杨承宗教授是我国著名的放射化学家，也是依莱娜·居里教授的学生。钱三强先生把译文交给笔者时满怀激情地说："这就算我对老师的一点纪念吧！"

钱三强先生在那篇纪念报告内加上的结束语。结束语是这样写的：

从上面叙述的裂变现象前后一些过程，我们可以得到下面的启示：

（1）任何一个重要的发现都是各国科学工作者国际合作与竞争的结果。这里既包括了取得正面阶段的成果，也包括了错误的概念和不成功的实验；若没有后者，正面的成果是得不到的。

（2）一个科学的发现是时代的必然产物，但具体在哪个国家，由哪些人作出这些成果，则要依据具体主观条件（包括实验室的传统等）而定。

费米看到了中子与人工放射性的发现，系统地作中子打击原子核的实验，为意大利建立了研究核科学的实验基地。哈恩和依莱娜·居里等都是当时欧洲有名实验室中成熟的放射化学家。哈恩过去曾发现'钍'，对钡与镭的化学性能非常熟悉；依莱娜·居里则正对锕系元素进行研究，对比复杂的稀土元素的性能比较熟悉，再加上居里实验室掌握了当时世界上最强的镭源。因而他们能明确"镧"和"钡"，确定了裂变的实验基础。迈特钠是有经验的实验物理学家，长期与哈恩合作，当他知道哈恩等的结果时很快就与弗里胥运用玻尔的核液滴模型的概念提出"裂变"的解释。

（3）必然性是通过各种事物发展的偶然性中产生的，在偶然性中体现出了必然性。但是所有各种科学发现的事例中都具有一个不例外的共同点，那就是"勤奋"和"创新精神"。马克思说得好，"在科学上没有平坦的大道，只有不畏劳苦沿着陡峭山路攀登的人，才有希望达到光辉的顶点。"

在现在大好的改革形势下，希望我国的有志青年在向科学进军中，攀登高峰，为祖国四个现代化作出贡献！

磨　难

　　上节说到，钱三强在居里实验室抓住了最初的机遇，他克服了初出国门的各种困难，赢得了导师和同行的信任。在他的科学生涯中迈出了第一步。他也许没有想到，后面还有更多的机遇和困难在等着他呢！

　　说起钱三强遇到的困难，首先是他对祖国和亲人的思念。日寇全面发动侵华战争，大片国土沦陷，父亲过度忧愤而去世。自己身处海外，无法恪尽孝道。他只有发奋工作，取得优异成绩，早日学成回国，报效祖国。

　　1940年，钱三强以"α粒子同质子的碰撞"为题通过了博士论文答辩。正当他准备离开巴黎返回祖国时，国际形势风云变幻，法西斯德国发动的战争席卷欧洲，第二次世界大战全面展开，英、法军队抵挡不住法西斯的铁蹄，巴黎很快就暴露在德国人面前，对此钱三强毫无思想准备。

有一天，钱三强正打算去实验室里作最后的清理工作，突然遇到了他的同事，意大利人庞德科沃。庞德科沃说，德国人就要进巴黎了，你还不快走，现在只有一条路可以到达沿海城市。于是钱三强就和他一起，骑上自行车，沿公路向西南方向逃去。一路上，挤满了逃难的人群。这样走了两天，被法西斯的坦克追上了，他们没有去路，只好折回巴黎。

钱三强回到巴黎后，心情十分沉重，祖国处于水深火热之中，法国又落入法西斯之手，现在回国无门，举目无亲。一点点中法教育基金委员会资助的经费也早已用完。就这样，钱三强被迫逗留在被法西斯占领的巴黎街头。沦陷异乡，生活无着，不知道以后怎么办。

钱三强很怀念居里实验室和法兰西学院化学研究所。有一天他来到法兰西学院的大门前，偶然间，他看见约里奥先生从大门里走出来，一见之下，两人都感到意外，因为钱三强知道，约里奥·居里夫妇早就和研究所的其他人员撤走了。惊奇之余，还是约里奥教授先开的口。"你不是回中国去了吗？怎么还在这里？"钱三强把自己的遭遇诉说了一遍。约里奥教授说："你先回来，我想办法安排吧！"

于是，钱三强又回到实验室工作。

他逐渐觉察到，约里奥教授的活动很神秘，原来他是假借研究所的名义，实际上做着反法西斯的地下活动。他是法国共产党员，救国际线的领导人之一。钱三强后来才知道，约里奥·居里夫妇在战争开始时确曾决定离开，并且已经离开了巴黎，到了法国南方的海港，准备上船。可是，临上船时，他们想，我们都走了，法国怎么办？巴黎的反应堆怎么办？我们不能离开法国，于是把当时带出来的重水托付给两个学生运走。重水是反应堆运转的重要原料，他们怕落入法西斯之手。然后俩人分别，约里奥返回巴黎，依莱娜·居里留在南方。

钱三强在沦陷后的巴黎，日夜思念着祖国。1941年底，钱三强听说法国沿海城市里昂有轮船去中国，于是再次离开巴黎，来到里昂。可是当钱三强到里昂一打听，轮船倒是有，却是不定期的，要等机会。钱三强就住在中法大学的学生宿舍里，等待轮船的消息。后来又说根本没有轮船去中国。原因是太平洋战争爆发，开往远东的轮船都停开了。钱三强又一次陷入了困境。他住在中法大学，进退两难。只好试试临时工之类的工作。有一天，钱三强偶然地与中法大学的一位教师结识，他推荐钱三强到里昂大学找物理系物理研究所的莫朗教授。莫朗教授是比利时人，他需要有人帮他带一个毕业生做毕业论文。当他得知钱三强来自居里实验室，是物理学博士，立即表示欢迎。他问钱三强，有什么题目适于毕业生做论文。钱三强想了想，回答道："我随身带了微量的放射源，也许可以用上。"莫朗听了很高兴，又问道："放射性实验还有什么值得研究？这些学生刚做过一些放射性实验，最好不要重复。"钱三强说："我想不要专门做放射性本身的研究，可以做放射性引起的效应研究。例如，用放射性研究乳胶的特性"。钱三强在国内由于曾在北平研究院用照相术研究分子光谱，对照相底片（也就是乳胶）比较熟悉，就想到这个题目。莫朗教授觉得很好，就决定让学生研究 α 粒子对照相底片的作用。正好里昂有一家专门生产照相底片的工厂，可以提供各种不同品种的照相底片。钱三强一面带领这个学生做实验，一面自己也进一步做点研究。于是他在工作中比较透彻地研究了乳胶的特性，没有想到，这项临时性的工作，却为他后来的研究准备了重要条件。

钱三强随身带的放射源是一点点钋 α 放射源，寿命虽然不长，还可以用一两年。他带领学生做了一个扁的真空盒，让 α 粒子以很小的角度掠射到底片上。实验结果发现，钋的 α 粒子能够在照相底片上留下一些黑点，就好像云室中带电粒子留下的径迹。于是，他们就用不同品种的乳胶来试验，发现含银量不一样，黑点的大小和数目也不一样。而且改变底片的处理方法和条件，也可以改变黑点的大小和分布。钱三强在里昂物理学会报告了这一结果，竟有底片工厂的工人来参加听讲。

对于钱三强来说，里昂不可久留，依莱娜·居里教授知道钱三强滞留在里昂，就建议他再回到巴黎，约里奥帮他弄到了回巴黎的签证，钱三强第三次来到了居里实验室。

1944年8月，巴黎解放，钱三强又恢复了正常生活和工作。这几年来，他颠簸流浪，历尽艰辛，但总算没有虚度光阴，他利用这段不安定的时间做了不少工作，从一个研究生成长为居里实验室的独立研究人员，约里奥·居里夫妇准备让他带新来的研究生，负责筹建新的研究室。

1945年，依莱娜·居里教授打算引进新近发展起来的核乳胶技术，考虑到钱三强在这方向已有很好的基础，就派他到英国布利斯长大学去向著名物理学家鲍威尔学习核乳胶技术。核乳胶是记录核反应和带电粒子轨迹的一种非常直观、非常灵敏的实验手段。用乳胶记录带电粒子早在1896年贝克勒尔就已取得成果，他就是由此发现放射性的。人们一直想要发展乳胶技术，提高乳胶的灵敏度，增大厚度，增进乳胶对不同粒子的鉴别能力。但进展甚慢，直到1945年才由鲍威尔获得突破性进展。他和他的同事们从1935年—1945年致力于改进乳胶的配方，做成了适于观察核反应的厚乳胶。这种乳胶与一般乳胶不同的地方在于：溴化银的颗粒直径小10倍以上，单位体积内颗粒数多1倍以上，颗粒大小无关，分布也很均匀，乳胶层厚度达几百微米，比一般乳胶厚上百倍，因此可以记录空间轨迹，也就是三维的轨迹。正是利用他自己发明的核乳胶，鲍威尔从宇宙射线的观测中发现了 π 介子，并于1950年获诺贝尔物理奖。

依莱娜·居里教授和钱三强说："这几年核物理技术发展很快，由于第二次世界大战，法国受到很大损失，我们落后了，有必要向人家学习。现在英国的鲍威尔教授创制了一种能探测三维径迹的乳胶，对研究粒子和核反应有特殊的效果。我们打算派一个人去学习。你是最合适的人选，这不但是因为你在这方面已经有了一定基础，而且是因为你做事认真，我们信得过，希望你不辜负我们的托付。你以为如何？"

钱三强听了，很是激动。钱三强正好在关键时候有机会掌握这门新技术，实在是幸运。但是，一再推迟的回国计划，不就又要落空了吗？

依莱娜·居里教授猜得到钱三强的心思，知道这件事不能太勉强，就让钱三强考虑几天再作答复。

第二天钱三强找到依莱娜·居里教授，表示接受恩师的重托，把归国的计划暂时搁置下来。他的理由是，这是一门崭新的技术，不但可以为居里实验室建立新的部门，而且可以把技术带回中国，这也许有助于中国刚刚起步的物理学研究。在去英国前夕，钱三强写信回国，向家人表示歉意，同时也给正在德国留学的清华大学同班同学何泽慧女士写信，告诉她暂时不能回国。

1945年秋，钱三强来到英国布利斯托大学向鲍威尔教授报到，开始鲍威尔教授并不介意，当钱三强拿出依莱娜·居里教授给鲍威尔的一封信时，鲍威尔的态度改变了，他专门接待了钱三强，对钱三强说："你的情况夫人都介绍了。居里的一家为人类作了巨大的贡献，我们非常希望与居里实验合作。你以后可以详细了解核乳胶的特性和使用方法，多做些实验，需要什么资料，请提出，我们尽可能满足你的要求。"钱三强在布利斯托大学物理实验室夜以继日地工作，东问问，西问问，不出三个月，就把核乳胶学到了手，当时专门生产核乳胶的依尔福特工厂还没有出正式产品，临行前鲍威尔教授特意的选了一些尚未出厂的核乳胶让钱三强带回去试用。

1945年冬，钱三强掌握了核乳胶技术回到巴黎，协助约里奥·居里夫妇筹建核乳胶实验小组，开展这方面的工作。现在该他指导研究生了，在他手下有三名法国研究生从事这方面的研究，其中一位叫沙斯戴勒，一位叫维聂隆。

不久，何泽慧从德国来到巴黎。她在德国学习，获得工程博士学位，留在德国皇家学院研究核物理学，1935年用云室研究正负电子之间的弹性碰撞，取得了重要成果。

她与钱三强在清华同窗四载，朝夕相处，彼此有着较深的了解。何泽慧是江苏人，从小长在江南园林之城，文静朴素，秀外慧中，甩着两条大辫子，笑起来非常动人。她在德国攻读的是弹道学，这一行看起来与她的性格毫无关联，她选这一专业纯粹是出于爱国，以为可以为国效力，后来她转到西门子公司弱电流实验室工作。

钱三强和何泽慧虽然都在西欧，出国后彼此并无联系。1939年夏，清华同学王大珩与高班的彭桓武从英国来到巴黎，约钱三强一起去德国看看。钱三强考虑战争迫在眉睫，怕回不来，没有同意，但答应为他们当联络员，相约只要形势许可，就通知他们。他们两人到了柏林，见到了何泽慧，何泽慧一见面就问："钱三强怎么不来？"不久，欧洲形势吃紧，钱三强给何泽慧发了一份电报，催王大珩和彭桓武赶快回到英国，就这样，钱三强与何泽慧建立了联系。

这以后，法国和德国是交战国，无法通信。几年过去了，直到1943年，钱三强突然收到何泽慧的一封短信。大意是，很久没有与国内家人通信，问钱三强有没有办法与国内通信，希望钱三强帮她向亲人转达平安消息。这样，两人就又恢复了联系。此时，何泽慧已经离开西门子公司到海德堡大学，跟随著名实验物理学家波特研究原子核物理学，与钱三强成了同行。

何泽慧改行研究原子核，也许有钱三强的一份作用，当然也有外界原因，原来，在柏林时，何泽慧住在光谱学家帕邢教授的家里。老教授夫妇对何泽慧非常好，像待亲孙女儿一样，大战后期，帕邢教授怕柏林会遭到轰炸，设法替她找到较为安全的地方。他介绍何泽慧投奔海德堡大学的波特教授，同时劝说何泽慧回到自己的专业。于是何泽慧就成了波特教授的助手。

何泽慧在实验中有一项引人注目的成果值得特别提到。她用云室研究正电子的能谱时，观察到一条近似于"S"形的径迹，形状非常奇特，与一般的正电子径迹不同。经过仔细分析，她认识到这是一个正电子与一个负电子相遇，但又不是一般的正负电子相遇会发生湮灭的那种现象（即正负电子都消失，演变成两个 γ 光子），而是像两个粒子发生弹性碰撞那样，正电子把动能交给负电子。这是一个非常罕见的现象。何泽慧得到这张罕见的照片后，特意寄给钱三强。钱三强看了非常赞许，他写信给何泽慧，说这确是一条了不起的科学珍闻，并向何泽慧表示祝贺，祝贺她刚刚进到核物理学就旗开得胜。

他们就这样在异国他乡心心相印了。

当何泽慧收到钱三强的来信，说他已接受依莱娜·居里教授的委托决定赴英国学习核乳胶技术时，她立即给钱三强复信，说准备去法国。1945年冬的一天，钱三强正在宿舍里，何泽慧突然来到，这使钱三强喜出望外，只见何泽慧手提一只小皮箱，这就是她唯一的行李。钱三强连忙接过来，觉得非常之轻，打开一看，原来尽是些云室照片、曲线图等实验资料，还有一些邮票。钱三强感到十分惊奇，忙问她有什么打算。何泽慧告诉他，她这次只是先来看看，没有打算呆长。不几天何泽慧就回德国去了。第二年春天，何泽慧离开德国，来到巴黎，和钱三强结婚，并且加入法兰西学院原子核化学实验室和居里实验室，从事原子核物理研究工作，和钱三强一起工作，共同建设核乳胶实验基地。约里奥·居里夫妇对她的到来表示热烈的欢迎。

三分裂变的发现

　　何泽慧的那张正负电子弹性碰撞的照片的确是"科学珍闻"。1945年9月，钱三强在英国布利斯托大学召开的英法宇宙线会议上，将她的照片用投影仪投放出去，引起了与会者的极大兴趣。英国《自然》杂志于1945年11月3日报道了这次会议，并且提到这件事，说"钱先生介绍了由中国年轻的科学家何泽慧博士发现的一项科学珍闻"。

　　1946年，钱三强与何泽慧一起去英国剑桥大学参加国际基本粒子与低温会议。何泽慧让钱三强代表她在会上宣读论文，题目就是与上述那张照片有关的内容。照片一投放出去，与会者都感到新奇。因为出现这种情况的概率非常之小，一般是注意不到的。何泽慧这张照片的意义还在于，云室对研究正电子比其他方法有更多的优点，值得人们注意。应该说，这一现象在何泽慧之前早就该有人注意到了，之所以被何泽慧发现，只能归功于何泽慧敏锐而细致的观察能力。她在科学实验中不放过任何一点异常迹象，认真探索，抓住苗头，穷根掘底的科学作风，才使她得到这个重要成果。

说到这次国际基本粒子与低温会议，值得特别一提的是，这是战后原子核研究领域内世界同行的大聚会，也是中国科学家在国外一次非常难得的聚会，第一次显示了中国科学界的力量。清华大学教授周培源先生和北京大学教授吴大猷先生正好因为参加英国皇家学会举办的庆祝牛顿诞辰三百周年纪念大会来到伦敦，顺便参加这个会议，另外还有正在英国任教的彭桓先生，以及刚到英国的胡济民、梅镇岳。他们有的是老师，有的是出国多年的功成名就的早期留学生，有的是正在英国留学的年轻人。他们聚在一起合影留念，师生相会，分外亲切。令钱三强终生难忘的是周培源老师跟他们这一对新婚夫妇的会面。

一见面，周培源老师首先向他们道喜，接着问了他们的近况。周老师很了解他们的家事，当他知道钱玄同教授早已不在人世时非常难过。说道："八年抗战，中国人吃了多少苦啊！"他告诉学生们，从北平撤退时非常困难，辗转迁徙，硬是把全部图书资料和仪器设备安全地转移到了大后方；在昆明时生活条件虽苦，科研和教样照样进行；李约瑟先生把我们这所大学称为'东方剑桥'，世人也许还以为像剑桥大学一样地壮观，其实学生们都住在茅草棚里，图书馆的房顶用的铁皮，实验室不能放仪器，因为怕敌人轰炸，仪器白天都要埋在地下。师生们吃的是'八宝饭'，点不起电灯，只好几个人合用一盏煤油灯。他还提到吴大猷教授，说吴先生在那样艰苦的条件下，坚持著书立说，得到了国际界的好评；中国物理学会在大后方，每年都要召开年会，吴有训先生亲自作学术报告。在吴有训先生的努力下，中国出了一本用英文写的《科学记录》杂志，为的是让外国看看，中国学者在这样困难的情况下还在坚持科学研究。这都说明了，我们中国人自强的决心。

钱三强与何泽慧听了这些介绍非常感动。他们虽然没有亲身经历抗日战争时期的大风大浪，但他们想象得到，他们理解得了，他们无时无刻不在思念祖国的亲人。

钱三强也讲到自己的遭遇和法国友人对他的关怀与爱

护。他说，不管他走到哪里，只要一说是中国人，就能得到必要的帮助。他讲到急切回国的心情。对此周培源表示了这样的意见：再等等看，形势很快就会明朗。先抓住目前已经打开的局面作出一点成绩，在国际上多为国家争取一些声望，将来回国工作就会更为有利。最后，周培源讲到这次出国的使命。他这两年正在美国做研究工作，深感抗战八年，很多地方长期闭塞，过去就落后，现在差距拉得更大了。国内一切正在恢复，需要向外国学习，我们准备派出更多的留学生。你们已经在国外的，就要充分利用已有的条件，总之，报国是有门的，你们来日方长啊！

　　剑桥大学坐落在伦敦的东北方，校园里风景如画，清澈的剑河穿流而过，绿茵茵的草坪，古色古香的图书馆。著名的卡文迪什实验室就在其间。钱三强与何泽慧饱览了异国风情之后，以极大的兴趣注视着核物理学的新进展。就在这次会议上，机遇又一次降临到钱三强的面前。

　　在会议报告中，有一篇是英国的两位研究生关于核乳胶的报告，钱三强特别感兴趣。他们用核乳胶记录中子打击铀核后的粒子径迹。在报告中展示的幻灯片中，显示在两根深重的径迹旁边还有一根细长而浅淡的径迹。深的径迹当然是裂变碎片，这根细长的浅迹，他们说可能是 α 粒子，没有作其他任何解释。报告人不经心，却引起了钱三强的疑问和思考。

这两位研究生名叫格林和里威希，当时正在英国著名核物理学家费瑟指导下作博士论文。费瑟是卢瑟福的学生，在国际物理学界享有很高的声望。

钱三强为什么对这张裂变图片特别感兴趣呢？这跟他过去的经历有关。他在居里实验室的大部分时间都在研究原子核裂变，后来人们根据核裂变的原理做成了原子弹，整个人类社会都被原子弹的威力震惊了，显然，原子核裂变的应用必将是20世纪中叶最重要的科技成果。然而，产生了如此重大影响的物理原理却还有许多不清楚的地方，其中，裂变的物理过程就特别值得研究。钱三强早就对用云室拍摄裂变的方法有兴趣，继而亲自参与用云室观测裂变产物的能谱。不久前他来英国学习核乳胶技术，其目的也正是为了研究核物理的各种现象，特别是核裂变的机理。在参加这个基本粒子会议之前，他与何泽慧以及研究小组成员一起，已经反复作了许多核裂变的厚乳胶照片。他非常熟悉裂变产物形成的轨迹，现在两位英国研究生展示的这张图片，显然有新东西值得好好研究。

从英国回到巴黎之后，钱三强立即动手和研究生沙斯载勒与维聂隆一起重复英国人的实验。钱三强认识到，裂变碎片轨迹之外附加细长的轨迹一定是非常罕见的现象，不然，裂变发现已经七八年了，别人为什么还没有看见呢？云室的有效时间很短，很难记录到这种罕见的事例，所以不能用云室观测。现在有了核乳胶，它正是观测核裂变现象的工具，核乳胶不但有极高的灵敏度，而且可以把裂变物质放在乳胶里面，甚至在制造时就掺杂进去，在很小的体积里，经过长时间的积累，在乳胶里留下很多裂变径迹，再经过仔细地查找，就可以发现各种类型的事例，然后根据由此获得的数据分析各种事例的物理特征，掌握裂变的规律和各种反常现象。他想，从大量的裂变径迹中，有可能捕捉到罕见的新事例。

但是，鲍威尔教授当时给钱三强提供的依尔福特公司核乳胶，灵敏度太高了。他们观测的是铀原子的核裂变，而铀具有天然放射性，每时每刻都在发射 α 粒子，如果 α 粒子记录在乳胶里，就会严重干扰对核裂变的观测。再有，用中子轰击铀核，除了有可能引起铀核的裂变，更多的机会可能是打到乳胶里的氢核上，氢核也就是质子。中子和质子作弹性碰撞，引起质子反冲，质子的径迹留在乳胶里，也是一种无法消除的干扰因素。怎么避免呢？当时巴黎还不能自己制造核乳胶，只能在现有的基础上想办法解决。这时，钱三强在里昂的经验发挥了很大的作用。他懂得从乳胶的浸泡浓度、浸泡时间、冲洗条件等等与操作流程有关的过程，记录不到反冲质子和天然 α 粒子的径迹，只剩下裂变碎片的径迹。可是，乳胶的灵敏度又不能太低，太低了，记录的径迹就会缩短，由此算出的能量和质量就不可靠。所以只能反复试验，寻找最佳方案。

经过一段时间的集体努力，实验小组取得了丰富经验，终于找到了合适的办法：做到在乳胶中质子的径迹不明显，不至于妨碍裂变的观测；α 粒子的径迹则表现为断断续续的细线，很容易鉴别出来；而裂变碎片则形成又粗又黑的连续轨迹。他们还做到，在整个乳胶层的各个深度处，灵敏度都很均匀，全都可以正常观测。

钱三强的丰富经验在准备工作中起了决定作用，何泽慧精心细致的作风则是取得成功的保证，他们善于合作的精神使小组全体成员配合默契，大家不叫苦，不嫌累，终于取得了预期效果。

他们是怎样用乳胶做实验的呢？我们来做一番简单地介绍。

他们在居里实验室的暗室里把核乳胶准备好之后，用黑纸包严，送到法兰西学院的核化学研究所。核化学研究所的底层安装有回旋加速器，当回旋加速器工作时，重氢之核，即氘核，被加速到几兆电子伏，强大的氘核束流从窗口逸出，打到特别准备的靶子上，靶子用铍做成，氘核轰击铍原子，发生核反应，放射出中子。这时中子的速度很快，必须用缓冲剂使之减速，才能被铀原子核俘获。缓冲剂就是石蜡，石蜡做成方盒，壁厚5厘米，里面放着核乳胶片，石蜡主要是由氢组成，而氢核就是质子。质子与中子质量相近，中子与质子作弹性碰撞，中子的能量大多交给了质子，于是速度大大减慢，就成了所谓的慢中子。慢中子被铀核俘获的概率要比快中子大得多。

在石蜡方盒的外面还有一层保护，是壁厚5厘米的铅室，它的作用是吸收回旋加速器产生的γ射线。否则，核乳将受到过多的γ射线照射而变黑，人们真正要得到的粒子径迹反而观察不到了。

核乳胶工作之前要掺入待研究的物质，对于钱三强实验小组来说这就是名叫硝酸铀酰的铀盐。他们把核乳胶放在硝酸铀酰溶液中浸泡，使铀盐渗入乳胶片中。

乳胶片在回旋加速器面前照射以后，要进行显影和定影。这里的显影和定影与普通的摄影技术大同小异，也就是要按一定的配方和处理条件一步一步地进行，时间、次序、温度、浓度都要符合严格规定的要求。只有这样，才能得到合格的成品。

经过显影和定影的核乳胶，就要供观测了。由于核乳胶里留下的粒子径迹极其微小，其径迹只有一二十微米长，也就是差不多等于头发丝的1/3，一般肉眼是看不清楚的。钱三强小组要观测的径迹不仅在乳胶的表面，也不仅在一定深度的某一层上，而是分布在乳胶的整个厚度之中。依莱娜·居里教授非常支持钱三强小组的工作。她把实验室最好的一台高倍显微镜交给他们使用。这台显微镜是油浸式的，放大率高达1000多倍。使用时要经过非常仔细的调试。对于每一个视野，都要精细地转动显微镜的一个个旋钮，以调节镜筒所指的方位。要保证镜筒的方位严格垂直于乳胶片的平面。他们不但要调节显微镜镜头的垂直位置，把镜头聚焦在乳胶层的各个深度，还需要在水平方向上，使视野逐渐平移。就像电视扫描一样，先是从左到右，一个视野一个视野地观测，或者说一格一格地观测。扫完一行，在前后方向上挪动一格，再从左到右依次观测。每前进一格，都要仔细观测，判断有没有异常的径迹，不能放过任何一个可疑的迹象。如有疏忽，就将前功尽弃、功亏一篑。而这全靠观察者一只眼睛通过高倍显微镜来观察。观察者需要极大的毅力和耐力。其中的艰辛对于没有这方面实际经验的人是难以办到的。如果只是偶尔作些观测，困难也许不大，但是现在需要观测者长时间集中注意力于镜头观察，不但眼睛很累，引起头痛，而且由于身体总是固定一个姿势，长时间不能变动，坚持几小时，很快就会腰酸背痛、疲乏不堪。面对暗淡的视野，难以判断的径迹，加之持久的体力消耗使两个法国研究生感到乏味，有点坚持不住了。钱三强与何泽慧以身作则，承担起主要的测试任务，带领他们继续干下去。

刚开始实验不久，他们就观察到了许多裂变径迹，其中也找到一些分叉的径迹。维聂隆和沙斯戴勒耐心不够，找到的较少，而何泽慧很细致，又有耐心，她不放过任何一条径迹，结果是她找到的最多。

正是由于何泽慧观察细致，1946年12月她首先发现了四分叉的径迹。这是钱三强小组的又一项发现，为原子核裂变增添了新的内容。

做科学工作，要'立足常规，首眼新奇'，这是何泽慧对科学实验的总结，是她的宝贵经验。钱三强对这一经验的特别推崇，经常引用她这一句话。

何泽慧发现四分叉的消息马上传到依莱娜·居里教授那里。第二天她和约里奥教授都来了。他们兴奋地从显微镜中观看了三分叉和四分叉的乳胶径迹，鼓励大家说："赶快写成论文发表，一定要附上径迹照片。"

钱三强、何泽慧与两位研究生一起，首先对三分叉现象作了总结。在成万个裂变径迹中，他们一共找到几十个三分叉的现象。他们认为，大多数情况是，三条径迹都在同一平面上，也就是所谓押"共面"，其中两条短而粗黑，第三条则细而长。短黑的两条相当于正常裂变的两条径迹，说明这是两块大的碎片留卜的；大碎片应该是中等质量的原子核；而第三个粒子的质量比较轻，应该是 α 粒子，可是，从径迹的长度来看，又与天然的 α 粒子不一样。天然的 α 粒子射程比较短，而细线虽然有长有短，但都比天然 α 粒子的径迹长得多，也就是说，其能量也大得多。再有，三条径迹是共面的，有共同的起点，说明这只可能是原子核一分为三。如果第三条径迹是与核裂变无关的其他粒子留下的，怎么可能那么巧，竟然会与裂变碎片的反冲轨迹总保持在同一平面里呢？

到这个时候，钱三强和他的小组成员已经明确地认识到，这是核裂变中的一种很特殊的情况。应该给它起一个适当的名称，他和大家商量，就叫它"三分裂"或"三分裂变"吧！但是，科学上一个新概念的提出，不是简单地凭一些事实的积累就算数的。必须经过严格的、科学的论证，周密的实验和理论分析，更多的问题在等待他们去解决。

那两位英国年轻的物理学家，费瑟教授的研究生格林和里弗西闻讯专程来到巴黎访问居里实验室，他们不相信有三分裂和四分裂，想要亲眼看看。钱三强、何泽慧高兴地满足了他们的要求。心灵手巧的何泽慧只用了十分钟就按标定位置找到了三分裂和四分裂的径迹。钱三强问这两位英国同行："你们在英国看到过吗？"他们摇摇头，看来他们已经信服了，然而他们毕竟缺乏经验，自己又没有主见，回英国后又改变了态度，他们听从了导师费瑟教授的意见。费瑟教授坚持自己的看法，认为 α 粒子不是裂变生成，而是裂变后从一个刚刚分开的碎片放射出来的产物。他称之为"二次发射"，之所以发生的概率很小，他的解释是：只有当一个碎片具有 α 不稳定性时才会发射 α 粒子，而这种情况很少出现的。费瑟振振有词，说得头头是道，令人难以否认。但是，钱三强认为，从自己大量实验结果看来，事情未必那样简单，他考虑了如下几个问题：

一、第三条径迹会不会是两个大碎片中间的一个与核乳胶所含物质的原子核发生碰撞造成的反冲核?

二、第三条径迹很像 α 粒子留下的,但是也可能是其他的原子核,甚至有可能是好几种原子核留下的。也就是说,这些粒子是单一的,还是有一个分布,存在所谓的质量谱?

三、这些粒子是什么时候发射出来的?是裂变之前,裂变之后,还是裂变的同时?

这些问题必须作出明确的回答。

正确的结论只能从实验事实得到。1946年冬天,何泽慧注意到一种三叉事例:第三条径迹也相当粗而短,与一般的情况很不相同。她马上叫来了钱三强,钱三强一看,欢呼起来,这正是他考虑到的可能出现的情况,显然不能把它归之于 α 粒子,一定是质量比较重的原子核,或者是一些其他的原子核。就在不久之后,何泽慧又发现了第一个四分叉的事例。再有,钱三强与何泽慧注意到,在大多数三分叉事例中,细长的那条径迹总是垂直于另外两条粗而黑的径迹,或者说最轻的那个粒子的出射方向,总是垂直于裂变碎片的出射方向。

实验小组不但要在观测中记录和统计各种类型径迹

的出现的频率，还要从径迹的指向确定每个粒子的出射方向，从径迹的长度求出它们的能量和质量。

这确是非常细致而繁琐的工作，但也是非常有意义的工作。因为核乳胶刚刚出现，用核乳胶观察核裂变的实验技术也刚刚起步，大家都没有经验，只能摸索着前进。钱三强小组在做着前人没有做过的工作。困难摆在面前，等着钱三强和他的小组去克服。

世上无难事，只怕有心人。钱三强和他的小组满怀信心迎着困难上，它们决心闯难关。

为了深入研究裂变的机理和不同事例的特征，就要对每一个三叉事例进行认真的研究，即不仅仅进行观察，而且要进行细致的、精密的测量。测量什么呢？首先要测量三条径迹的长度，这就是粒子在乳胶中的射程，判断它们是不是在同一个平面上，再测出三条径迹之间的夹角，有时还要求测量径迹上不同段落的颗粒密度。测量中最大的困难，是大多数径迹并不是平行于乳胶片的表面，所以在观测时必须测量出每条径迹两头的平面坐标和深度坐标，也就是确定其在三维坐标中的位置，再根据这些数据计算出长度和方向。对每个事例进行这样的测量，包括二分叉径迹也要作这样的测量，实在是繁琐；测量后都要进行计算，就更花时间，工作的确非常单调，但是钱三强和他的小组坚持下来了。

不久出现了一个很棘手的问题。钱三强发现在定影过程中厚乳胶中一部分未发生作用的硝酸银会被溶解，厚乳胶就会变薄，就像是收缩了一样。这样一来，根据测量得到的径迹坐标所计算的长度和方向就不对了。怎么办呢？钱三强很善于动脑筋，他与何泽慧一商量，想出了一个稳妥的办法。这个办法就是专门设计一个实验，求出乳胶层在经过显影、定影等处理步骤前后的长度变化，得到所谓的"收缩因子"。在测量出径迹的始末坐标后，用收缩因子加以修正，就可以得到正常的长度和角度了。当然，这样做，等于又增加了实验工作的难度和计算工作的复杂性。

从径迹的长度和角度，并不能直接计算出碎片的能量和质量。还需要参照原子核物理中的基础关系，即所谓"能程关系"作出估计。能程关系指的是能量与射程之间的对应关系，已有人根据二分叉径迹的大量测量结果的统计资料和天然放射性 α 粒子的径迹长度推算出来了，但并不能直接用在三分叉的情况。钱三强经过研究，提出了一种逐步近似的回归计算方法，可以在xyz三个方向上满足动量守恒，就这样计算出了三个碎片的能量和质量。

利用上述方法，钱三强小组对三分叉的情况得到了明确的结论，他们确定了较重的两个碎片的质量分布，证明是跟二分叉的碎片近似；第三个碎片，也就是质量轻的小碎片，则有一个质量谱，质量数大概是在A=2—9之间，概率最大在A=5。同时他们也得到了三个碎片的能量分布。跟他们的预期相符，得到的数据证明第三碎片的能量比天然α粒子大得多，他们还从统计结果得出了三分叉与二分叉出现的比例3‰。

为了让读者了解钱三强小组的工作成果，笔者特意把钱三强先生、何泽慧先生和他们的两位研究生合写的一篇短文翻译成中文，这篇短文是1947年发表在美国《物理评论》杂志上，题目为《新的铀核裂变过程》。文中写道：

"铀裂变现象早在1939年就为人所知。这个现象就是，铀核因俘获中子或受带电粒子或光子的轰击、激发而分裂成两个较轻的核。这一现象中释放出来的最大能量约为200MeV。其中150—160MeV用于投射那两个生成核沿相反方向运动，剩下的能量用于裂变碎片的内部激励，并变成裂变时放射的中子所携带的能量。这一众所周知的裂变过程也叫二分裂变。理论物理学家们曾指出分裂成三个带电核的可能性。他们预言释放出的最大能量可达210—

220MeV，比二分裂变还高10—20MeV。但直到现在尚未见明确的实验数据发表。"

为了寻求分裂成多于两上带电碎片的裂变，我们用伊尔福德核研究照相乳胶做了实验。那是在布利斯托大学的鲍威尔博士指导下制造的。底片浸在10%硝酸铀酰溶液中，经过干燥，放在法兰西学院的回旋加速器的铍（Be）靶附近接受慢中子轰击。用适当的显微技术处理后，照片显示了若干很深的裂变径迹。这些径迹明显地有别于浅淡的天然 α 射线径迹，裂变径迹的主要部分都是直线，代表两上相反方向投射的核：无法确定裂变碎片的起点。偶尔在径迹的末端附近，出现裂变碎片与乳胶所含原子核的碰撞（分叉和弯折）。

关于三分裂变，他们写道：

"（A）三分裂变。有确切的裂变径迹显示了一种特殊情况：三条径迹从一共同点发出，通常是两条重迹和一条较轻的长迹。基于动量守恒进行的精确分析证明，不可能把它们全部都描述成是裂变碎片在其射程起始点与乳胶所含之核的碰撞（这些核已知为H，C，N，O，Br及Ag等等）。看来更合理的结论是：这些都是铀分裂成三个带电碎片的裂变（三分裂变）。考虑到测出的角度、射程和重离子的速度-射程关系，并根据动量守恒的要求，我们可以确定每一碎片的质量和能量。三个碎片质量的分布，两个重碎片平均质量分别为99与131，第三片看来有两个可取值，其一约为5或6，另一约为9。三分裂的平均总动能为165MeV，略高于二分裂。如二分裂碎片和三分裂碎片内部总激发能大约相等，可以认为动能的观测值与理论值的相符是令人满意的。三分裂变对二分裂变的比率为0.003±0.001。这个值可看成是低限，因为有些情况第三碎片较重，可能是核碰撞所致，故在统计中略去。"这里指的理论值是文中提到的玻尔和惠勒所作的理论预计。

接着，钱、何等人在论文中介绍了四分裂变。

"（B）四分裂变。除了三分裂变，我们还观测到一些情况，不能作别的解释，只能解释成由于裂变分裂成四个带电碎片（四分裂变）。其中之一已作详尽描述，

（ii）三重一轻。如果二分与四分裂变碎片与内部总激发能大致相等，四分裂变观测到的平均动能约11MeV，就与玻尔和惠勒估计的符合。四分裂变对二分裂变的比率为0.0003±0.0002。"

大家知道，α粒子就是氦离子（He++），其质量数是A-4。为什么三分叉的统计结果，第三碎片的质量数概

率最大是A=5，比α粒子大呢？限于当时的实验条件，钱三强小组无法再进一步作出鉴别。钱三强只好根据手头的实验事实进行分析，他预言第三碎片可能有一质量谱，其中肯定有比氦离子质量数更大的碎片。钱三强根据原子核物理学的规律推断，很可能有氚（氢的三价同位素）、氦-6、锂-8、铍-10和硼-12。由于当时的实验条件尚不足以测定这些同位素的存在，钱三强的理论一时无法证实。等到上世纪60年代，实验技术发展了，世界上有好几个实验室利用新的探测手段研究裂变，才证实了第三碎片确有质量谱，这一质量谱和钱三强的预言完全一致。

角度的测量对钱三强小组来说应该说是给出了最重要的、或者说是最关键的资料。第三条径迹一般都是与两条重碎自制径迹垂直，但又不是严格垂直。两个重碎片的径迹并不正好是180°，而是略小于180°，他们测量的结果是平均174°。轻碎片的径迹与最重的碎片之间的夹角平均为101°。与次重的碎片之间的夹角平均为85°，两个夹角相差16°，显然轻碎片更靠近次重的碎片。这是一个很有意思的结果，也是一个很重要的结果，因为由此可以得到一个极为有力的证据，证明三分叉现象是原子核在裂变时同时产生的。

在一次讨论会上，钱三强雄辩地论证了三分裂变的机理。他首先解释说：假如轻粒子的发射时刻是在两碎片断开之前，它的方向应该倾向于这两个碎片分开的运动方向，因为在这个方向势垒高度最低，轻粒子比较容易射出。假如轻粒子是裂变后被重碎片中的一个放出的，那么，它的发射方向从这个碎片看上去应该是任意的，怎么会总是101°或85°那样的确定角度。也就是说，这两种假设与实验事实不相容。而只有三个碎片同时分开，才有可能是垂直的。

钱三强实际上是针对费瑟教授的观点进行驳斥，他听从约里奥教授的劝告，没有点费瑟教授的名。约里奥教授的意见是，只要我们掌握了确凿的实验证据，深入进行理论分析，把道理说透，就不怕别人反对。

最后，钱三强对三分裂变的机理提出了一个完整的模型。由于在变形过程中二阶谐振和四阶谐振的叠加，原子核在断裂时刻附近，在两个较重碎片之间形成了第三个较小的碎片（轻粒子）。起初，这三个带正电荷的原子核处在一直线上。只要中间的轻粒子由于某种扰动而稍稍离开中心轴线，它的两个较重碎片所带的电荷要大，轻粒子受到的斥力也会有所不同，所以，它与两个碎片的方向之间的夹角也就有所不同。按照这个模型进行的定量计算，与实验结果符合得很好。

钱三强和他的小组之所以能取得如此优异的成果，有几个原因，一是多年的经验积累使他们的工作处于国际领先水平；二是工作非常细致，才有可能抓住别人难以解决的问题；三是实验与理论紧密结合。

约里奥教授和依莱娜·居里教授对钱三强等人的工作极为支持，给予了尽可能的帮助，提供了各种方便。约里奥教授第一个在国际会议上宣布这项发现。他说："这是第二次世界大战以后物理学上的一项有意义的工作，它是由两位中国青年科学家和两位法国青年研究人员共同完成的，是国际合作的产物。我们遵循国际科学界的准则和传统，决定立即公开发表它。我们反映某些国家把基础科学研究列入保密范围的做法，反对独占各国都作出贡献的知识成果。"约里奥教授这番话是在巴黎召开的一个国际科学会议上说的，这时钱三强小组尚未正式公布自己的研究成果。

约里奥教授讲话的第二天就有记者上门访问钱三强小组。报纸上刊登了消息，许多著名科学家纷纷来信表示祝贺。不久，钱三强、何泽慧与两位法国研究生的论文陆续发表。从此，三分裂和四分裂的发现，就为各国科学家所共知。

当回忆起在法国的10年时，钱三强教授说："这么好的机遇为什么会降临到我头上？因为德军侵占巴黎后，1941年底我曾到里昂去等船回国，后来因为太平洋战争爆发，开往远东的船停航了，我只好在里昂大学里工作。由于要带学生做照相板工作，对照相材料的感光机制做了调查研究，现在正好用上了。我常常很幸运，碰上一些好的机会。其实，机遇并不是从天上掉下来的，也不是谁的运气好，而是你有这个准备，条件成熟了，机会就来了。"

1947年夏，钱三强的职务晋升为"研究导师"，一般外国科学家如果得到了这样待遇，往往就会留下来不回自己的国家了。人们也以为钱三强也将长期待在法国，保持自己在居里实验室的工作。

但是，钱三强与何泽慧却有自己的想法。他们当然知道，继续留在居里实验室，对所从事的科学研究工作将是很有利的，因为这里的条件很好，而祖国正在兵荒马乱之中，贫穷落后、民不聊生，很难在科学研究上有所作为，特别是要开展实验研究，条件实在太差了。但他们是爱国的，他们想，正因为祖国科学技术落后，一直处于挨打的地位，更需要科学家和全国民众一道，努力改变国家的落后面貌。钱三强不由得想到当年父亲的教诲："学成必归，报效祖国。"自己出国留学的目的就是为了学到先进的科学技术，以便回去建设中国自己的科学基地。再有，这时解放战争即将进入转折点，东北、华北的解放在望。钱三强对解放区一直是很向往的。他在法国和英国期间，曾与中国共产党的代表有一些联系。他从共产党身上看到了中华民族的希望，看到了新中国的曙光，于是就和何泽慧商量回国之事。何泽慧也早有此意，不过，此时已怀孕在身，两人商定，等到孩子出生，就尽早回国。他们决定，赶快把手头的研究课题完成。于是，钱三强全力以赴，把三分裂和四分裂的全部工作，整理成一篇详细的综合论文，论文写成时，正好孩子出生。这是一个女孩，为了纪念她的祖父钱玄同，给她起了个名字叫钱祖玄。孩子与祖父正好相差六十岁。

1948年，新中国成立在望，钱三强、何泽慧决定回国，约里奥·居里夫妇十分惋惜，但还是毅然应允。约里奥教授说："我要是你的话，也会这样做的。祖国是母亲，应该为他的强盛而效力。"小居里夫人说："要为科学服务，科学要为人民服务。"

　　临别时，约里奥教授和依莱娜·居里教授共同签署对钱三强工作和品格的评语，里面写道：

　　物理学家钱先生在实验室——巴黎镭学研究所和法兰西学院核化学实验室从事研究工作，时近10年，现将我们对他各方面的看法书写如下，以资佐证。

　　钱先生表现出科研人员所具有特殊素质，在我们共事期间，他的这些素质又进一步得到加强。他对科学事业满腔热情，聪慧有创见。我们可以毫不夸张地说，在到我们实验室并在我们领导下工作的同一代科学家中，他是最优秀的。我们的国家承认钱先生的才干，曾先后赋予他重任，先是任命他为国家科学研究中心的研究员，接着又任命他为研究导师，他曾受到法兰西科学院的嘉奖。钱先生是一位优秀的组织者。他具备了研究组织工作的领导者的精神、科学和技术素质。

　　两位教授让钱三强、何泽慧把许多重要资料和放射源带回，以便为新中国服务。这就成了中国科学院原子能所成立时最早期拥有的一些家底。

报效祖国

　　1948年5月2日，钱三强与何泽慧抱着只有半岁的孩子，登上返回中国的邮轮，离开法国，邮轮航行了40天，抵达上海。钱三强在国外整整11年，今天又踏上了祖国的土地，回到了祖国的怀抱。何泽慧的父母就在苏州，他们在苏州暂住了一段时间之后，就北上回到北平。

　　是北上还是留在南方的问题上，钱三强一家遇到了一些麻烦。他们在离开巴黎前夕，曾经和中国共产党旅法支部的负责人长谈。那位同志对形势的精辟分析给钱三强留下了深刻的印象，他建议钱三强回国后到北方的一所大学任教。之所以特别提出要到北方去，钱三强心里是非常清楚的，迎接解放，到解放区去，这正是他梦寐以求的去向。可是，当钱三强一家刚在苏州落脚，行李就被国民党海关扣留。国民党政府在摇摇欲坠时，竟拉拢起科学界有名望的人士。他们软硬兼施，企图把钱三强留在南京，要他当中央研究院物理研究所的所长。钱三强当然不愿为祸国殃民的国民党做事，借口北平有老母亲要奉养，清华大学物理系已有约在先为由婉言谢绝。行李在中央研究院总干事，钱三强的老师萨本栋先生的帮助下，几经交涉才得以放行。按照原先联系好的方案，钱三强到北平后担任了清华大学物理系的教授职位，并且应严济慈先生的邀请，担任了北平研究院原子能研究所的所长，而何泽慧则任原子学研究所研究员。不久平津战役打响，北平解放在即，这时钱三强突然得到通知，要他马上南下。南京政府将派专机来接著名专家和教授。

钱三强早已有了准备，他仍是用以前的策略，婉转对来人说："我实在是走不了，老母亲生病，女儿太小。"其实他心里在想，如果我要跟你们走，去年我就不来了。

1949年1月，钱三强和大家一起迎接北平和平解放。4月，钱三强参加以郭沫若为团长的中国保卫世界和平代表团，到布拉格和巴黎出席第一届世界和平大会。临行前，中央根据钱三强的建议，为了发展新中国的核科学，在财政极其困难的情况下，拨出专款五万美元，交给钱三强带到国外购买核科学急需的仪器设备和图书资料。

1949年11月钱三强担任中国科学院近代物理研究所（原子学研究所合并于此，1958年改名为原子能研究所）副所长，后来任所长。

1955年初的一个夜晚，钱三强得到通知，说是周总理还有著名地质学家李四光要会见他。钱三强和李四光按约来到了中南海，周总理亲切地把他们迎进了办公室，钱三强注意到在场的还有薄一波副总理。周总理首先向李四光详细地询问了我国铀矿资源的情况。周总理说："党中央、毛主席非常关心我国的铀矿资源。毛主席说，找到了铀矿，他要亲自看看。"接着，他向钱三强询问我国从事核科学研究的人员情况。问是不是可以加快培养核科学人才的进度。他要钱三强回去研究一个步骤，看看如何做好这件工作。周总理还询问了我国核科学的设备情况。周总理问得是那样地详尽认真，使钱三强激动不已。但是最使钱三强激动的是，周总理对他们讲的如下一席话。

周总理说："三强同志以前带来的法国约里奥教授的口信，我已经转告毛主席了。毛主席很欣赏约里奥教授这句话，要我们开始着手做些准备工作。"他怕李四光听不明白，向李四光解释说："约里奥教授说得好，要反对原子弹，首先就要掌握原子弹。"钱三强马上补充道："那是杨际宗从法国回来时，约里奥教授要他转告毛主席的。"

周总理请钱三强具体介绍原子弹的原理和所需的技术条件。最后，周总理告诉大家，中央将专门研究发展原子工业的问题，请他们做好准备，到时带些测量仪器和铀矿标本，以便一边汇报一边表演。

专门研究发展我国原子能事业的中共中央书记处扩大会议在毛主席的主持下及时召开了。所有在京的中央领导同志都参加了会议。会议上，李四光和钱三强分别就铀矿资源情况和原子能工业有关的问题作了汇报。钱三强携带了简单的核探测仪器，向与会者作了表演。当他把探测放射性的盖革计数器放在铀矿石旁边，仪器发出嘎嘎的响声时，毛主席和其他领导同志都高兴地笑了。毛主席即席作了重要讲话。他说："我们国家现在已经知道有铀矿，进一步勘探一定会找到更多的铀矿。新中国成立以来，我们也训练了一些人，科学研究也有一定的基础，创造了一定的条件。过去几年其他事情很多，还来不及抓这件事，这件事总是要抓的。现在是时候了，该抓了。只要排上日程，认真抓一下，一定可以搞起来。"

毛主席接着说："现在苏联对我们援助，我们一定要搞好。我们自己干，也一定能干好。我们只要有人，又有资源，什么奇迹都可以创造出来！"毛主席敏锐的目光环视众人，最后落在钱三强身上。毛主席对钱三强有特殊的感情，因为他早年在北京大学工作时就认识钱玄同先生，几年前和钱三强第一次见面时就向钱三强提过这件事，所以钱三强倍感亲切。这时钱三强从主席的目光里看到了无限的信任和期望。

钱三强记得很清楚，毛主席在听取汇报之后，还就原子核的结构问题和大家交换了意见。他兴致勃勃地问钱三强："质子、中子介什么组成的？"钱三强听到这个问题感到很吃惊，他没有想到毛主席会向他问这样一个连物理学家当时也回答不了的问题，只好如实地回答说："这个问题，目前还没有被认识，根据现在的研究，还只知道质子、中子是构成原子核的基本粒子。"毛主席听后打着手势说："原子里头分为原子核和电子，它们是对立面的统一。原子核里头又分为质子和中子，它们也是对立面的统一。一分为二是普遍的现象。质子、中子、电子也仍然是可以分的。"毛主席慈祥地微笑着问大家："你们信不信？你们不信，反正我信。"

毛主席主持的这次中央会议，对我国发展核工业、试制原子弹的工作作出了重要决定，从此我国开始了发展原子能事业的新时期。

钱三强先生和其他科学家一起，艰苦创业，自力更生，在极其简陋的条件下开展科学研究。他们靠自己的力量建造了一批核物理研究仪器，并通过科研实践培养了许多年轻人才，使近代物理研究所在原子核物理、放射化学、宇宙线、理论物理和电子学等领域取得了多项成就。作为所长，钱三强教授知人善任，精心组织，发挥了重要的指导作用。钱三强认为最重要的是人才的培养和队伍的建设。他常说："人，有专业技术的人，有专业知识的人，这是第一位的。"在他的动员和组织下，我国物理学界一批一批有才华的专家学者和刚从大学毕业的优秀年轻人纷纷来到了近代物理研究所，他们组成了我国第一支原子能科研队伍。1958年我国第一座新型重水反应堆和第一台回旋加速器在近代物理研究所相继建成。从此这里成了我国原子能第一个科研基地，这个基地的主要负责人就是钱三强先生。

钱三强先生很重视理论工作。他是一位实验物理学家，却始终注意原子核理论和粒子物理学的研究以及有关反应堆、同位素分离、受控热核反应等应用性理论问题的研究。1959年中央根据当时的国内外形势作出依靠自己的力量建造原子弹的决定。钱三强教授不负党和政府的重托和信任，带领原子能研究所的科研人员进行原子弹研制中的一系列技术攻关。在关键时刻钱三强所长把最得力的专家王淦昌、彭桓武、朱光亚、邓稼先等人送上试制原子弹的第一线。由于钱三强及时安排原子能研究所的黄祖洽、于敏、丁大钊等人进行氢弹原理的研究，使我国原子弹之后仅用了两年时间又取得氢弹试验的成功。

科技界许多著名人士忘不了那激动人心的一次会议。

1962年3月，周恩来总理和聂荣臻副总理主持召开著名的"广州会议"，在会上周总理作了题为"论知识分子问题"的重要报告。钱三强和来自全国的科技界、文教界代表参加了大会。聂荣臻副总理指定钱三强向大会讲讲原子能工作的情况。这时，钱三强已经在这个领域里辛勤耕耘了十几个年头。经历过开创阶段的艰辛、遭遇到苏联违背诺言的打击、迎接了三年困难时期的考验，此时正当展翅欲飞之际，钱三强作为原子能事业的代表，他有多少话要向大家诉说啊！可是，原子弹的试制工作是完全保密的项目，他感到有些为难，聂荣臻同志知道他的难处，鼓励他说："要放开来讲。"

钱三强首先介绍了在党中央、毛主席的决策和部署下核工业的进展情况，许多情况人们还是第一次听到。接着，钱三强宣布：我国原子弹的总体设计已经开始走上了轨道！我国将在预定的时间里爆炸第一颗原子弹！

话音刚落，全场掌声雷动。

这个预定时间就是国庆十五周年前后。果然两年后新华社向全世界庄严宣告：

"1964年10月16日北京时间15时，中国在本国西部地区爆炸了一颗原子弹，成功地实现了第一次核试验。"

消息传开，举国欢腾！

钱三强也和全国人民一起沉浸在兴奋之中。

关于钱三强先生对我国科学事业的贡献，最好还是引用中国科学院院长周光召先生的评价。1993年2月，周光召先生在《钱三强论文选集》的序文中写道：

从一开始就参加中国科学院的组建工作，并长期参与领导，为科学院的发展、各个不同时期重大问题的决策、为国家重大攻关任务和国防建设组织和调动院的力量，还有，在加强学术领导，创建和发展学部工作，开展国际交流等许多方面，钱先生做了大量、卓有成效的工作，他辛勤操劳了几十年，真是呕心沥血。还应该指出，钱先生在科学界（包括国际科学界）做了许多团结人的工作，起了非常好的作用。

钱先生在我国原子能事业方面的功绩，是众所周知的。从近代物理研究所时期，钱先生就求贤若渴，广揽人才，知人善任一心要让"原子能科学在中国生根"，为此，带领大家一步一步艰辛创业。后来，长期由他担任所长的这个研究所，终于逐渐发展成为综合性的核科学技术研究基地，在我国原子能事业发展过程中，在技术基础与人才培养两个方面，起了极为重要的作用。

在我国核工业建设全面展开之后，调兵遣将，规划安排，钱先生挑起的担子就更重了。他的精湛的科学知识和远见卓识的杰出的组织工作才能，在事业中发挥了"不可替代"的作用。这里特别要提到的，就是他对青年科技工作者教育和培养方面，他在强调钻研业务的同时，特别重视思想品德要求，他一再告诫大家不能追逐名利，要服从国家需要。正是在一代像他那样的老科学家的带领和影响下，我国的原子能科技工作者不怕艰苦，默默拼搏，终于做出了使全体中男人民扬眉吐气的光辉业绩。

钱先生为人坦诚、刚直，不迎合潮流，对于不尊重客观事实的情况，大胆直言，从不苟同，即使个人遇到压力。尽管他身体不太好，仍然不辞劳苦，忘我工作，活跃在科学舞台上：如重建科学院学部，为国际学术交流开拓新路，推动科技改革和新的研究领域的发展，对国家重大科技、经济、社会问题组织讨论，提出建议，等等。一直工作到他最后的那些日子里。

彭桓武先生在悼念钱先生时写了这样的诗句："人民站起新时代，科学还需指点才。"钱三强先生正是这样一位掌握全局、运筹帷幄的指点之才，他无愧于这个时代。在科学界，他是这个时代的代表，同时，他又是时代的楷模。这并不只是由于他在原子核物理上的重要发现和做出了饮誉海内外的光辉业绩，而且还因为，他全部科学生涯中贯穿着的深厚爱国主义和崇高品格。熟悉钱先生的人，不会忘记他那开阔的胸怀，勇挑重担的气魄，杰出的组织才能，甘为人梯的精神，谦逊朴实的作风，以及只求奉献不求索取的高风亮节。在钱先生身上，科学和道德达到了高度的统一。正是因为这样，钱三强先生才受到广大青年学生的仰慕，科学工作者的爱戴和全国人民的普遍尊敬。

世界五千年科技故事丛书